Préface

> *« La lecture considérée*
> *comme un chemin vers... »*
>
> Octavio Paz

A.R.T.H.U.R. (niveau 4) c'est :

Une somme de **120 exercices et d'une trentaine de textes variés** qui permettent **un entraînement systématique** en vue de la **maîtrise des gestes mentaux utilisés par tout lecteur efficace**.

Ces exercices, qui gagneront à être conduits de façon rigoureuse dans le cadre de consignes strictes, visent à l'**amélioration des compétences.** Ils se doivent d'avoir toute leur place (mais rien que leur place) dans le puzzle complexe des activités à mettre en place pour former de véritables lecteurs polyvalents.

L'ouvrage sera utilisé :

- soit à raison d'une ou deux fois par semaine dans le cadre d'ateliers tournants (chaque série de 4 chapitres, suivie d'un chapitre « Bilan » constitue la matière d'un trimestre d'étude) ;
- soit comme activité de « mise en condition » préalablement à un travail où l'acte de lire s'exercera en situation vraie, c'est-à-dire comme moyen et non comme fin.

Dans ce contexte, notre ouvrage s'appuie résolument sur les acquis les plus récents concernant la lecture et son apprentissage, tant au niveau cognitif, psychologique que pédagogique.

Mais A.R.T.H.U.R. (niveau 4) c'est aussi et surtout :

Une prise en compte de **la diversité** des apprentis-lecteurs tant dans **leur niveau,** que dans **leur profil.** En effet, la structure même de l'ouvrage permet de proposer des **menus d'activités personnalisés** en fonction des déficiences ou des faiblesses constatées.

C'est pourquoi :

- A.R.T.H.U.R. a été conçu en relation étroite avec les outils d'évaluation contenus dans la mallette du « Moniteur de lecture » tout en pouvant, toutefois, s'utiliser indépendamment de ces derniers.
- A.R.T.H.U.R. propose toujours **deux niveaux d'activités** pour tous les exercices portant sur la manipulation de mots ou de phrases.
- A.R.T.H.U.R propose, pour chaque activité, un objectif général prioritaire visant à développer telle ou telle aptitude partielle qui entre en jeu dans l'acte de lire.

Ainsi :

• Les activités précédées du sigle « carreau » ◆ visent à améliorer **la dextérité du lecteur dans la saisie de l'information :**
– sûreté et précision des déplacements oculaires ;
– reconnaissance globale et rapide de mots, y compris sous des costumes visuels différents (majuscules/minuscules par exemple) ;
– perception rapide de différences ou de ressemblances, etc.

Il convient donc, ici, de donner **une prime à la vitesse** selon la formule d'Alain. À cet effet, nous suggérons de préciser, avant la tâche, le temps imparti pour son exécution. Au cours moyen, environ 10 minutes de travail individuel intensif nous paraissent une norme raisonnable pour la plupart des exercices portant sur des mots isolés ou des phrases.

• Les activités précédées du sigle « cœur » ♥ visent à améliorer **la précision dans le traitement de l'information**, en privilégiant ce qui touche à la compréhension, au « bon sens » à travers des exercices variés maniant la similitude, les oppositions ou la contraction de sens.
Toutefois, l'objectif est moins, ici, de développer quantitativement le vocabulaire que de faire prendre conscience à l'élève de l'organisation, de la richesse ou des nuances de ce dernier.

• Les activités précédées du sigle « trèfle » ♣ relèvent prioritairement de la **lecture recherche**. Elles concernent surtout les textes, les listes ou les tableaux et visent à développer la capacité à chercher et à sélectionner dans un document écrit, un ensemble d'informations ou encore, à tirer d'informations données, un certain nombre de conséquences logiques.

• Les activités précédées du sigle « pique » ♠ visent à développer **la capacité à mémoriser les informations** d'un texte, les détails ponctuels et/ou les idées générales.

Ces sigles se veulent des indicateurs :
– **pour le maître,** en orientant ses exigences comme ses modalités d'aide ;
– **pour les élèves,** en fixant, cartes sur table, les objectifs à privilégier ou le type d'exploitation qui sera fait de tel ou tel document.

A.R.T.H.U.R. (niveau 4) c'est enfin :

Par leur organisation et leur diversité les exercices proposés permettent donc **une remédiation adaptée et personnalisée** selon l'organisation suivante :

A) Activités de remédiation ou d'amélioration appuyées sur des mots isolés ou des phrases :

Exercices à proposer

Atelier 1 :
Élèves dont les déficiences se situent plus au niveau de la « dextérité » que de la compréhension.

◆ VITESSE

Atelier 2 :
Élèves dont les déficiences se situent prioritairement au niveau de la compréhension et du traitement des informations recueillies.

Atelier 3 :
Élèves faibles en tout domaine. On leur proposera en priorité les premiers exercices de chaque série d'activité.

Atelier 4 :
Élèves non déficients, aux capacités homogènes, dont on veut améliorer les compétences. On tendra à faire réaliser les exercices dans leur totalité.

B) Activités prenant appui sur la lecture et l'exploitation de textes

Atelier 1 :
Activités exerçant surtout la capacité à **enregistrer** les informations d'un texte.

Atelier 2 :
Activités exerçant surtout la capacité à **traiter** les informations d'un texte.

Pour une bonne pratique :
Si les exercices proposés privilégient volontairement la lecture silencieuse, il nous paraît essentiel que la correction des travaux puisse s'appuyer, elle, sur l'oralisation effective de tout ou partie du matériau « traité ». En effet, si le but ultime de l'apprentissage de la lecture est bien la capacité d'**appréhender efficacement le contenu** d'un document écrit, la mission de l'école est aussi de faire apprivoiser **le contenant,** c'est-à-dire la langue elle-même, or le relief sonore des mots en est une composante essentielle, même si, en lecture silencieuse, il doit pouvoir être « détachable ».
Dans cet esprit les exercices, après préparation ou exploitation solitaire, peuvent et doivent donner lieu à lecture orale. Plus même, chaque fois qu'un texte comporte des mots en marge (synonymes ou mots supplémentaires à introduire dans la ligne) il sera bon de proposer une relecture du texte dans laquelle les mots en marge se substitueront aux mots du texte ou, selon le cas, viendront s'incorporer à lui.

La plupart des exercices exigent une trace écrite. Il sera possible soit d'utiliser un transparent avec feutre effaçable, soit de faire noter sur le cahier d'essai les coordonnées des réponses choisies.
La pratique de la photocopie est autorisée pour les 3 chapitres constituant les bilans : elle permettra de garder périodiquement trace des évolutions constatées.

La formation du lecteur qui incombe à l'école passe par une nécessaire diversification des activités de lecture. Ce manuel est un outil conçu dans cet esprit. Il aidera les maîtres à doter leurs élèves de tous **les atouts nécessaires** pour gagner le difficile pari de l'apprentissage en ce domaine.

Les auteurs

Sommaire

◆ Objectif prioritaire : la vitesse
♥ Objectif prioritaire : la compréhension
♣ Objectif prioritaire : la recherche
♠ Objectif prioritaire : la mémoire

1

Le solitaire

VITESSE

1 Dans chaque liste, tous les mots sont repris deux fois, sauf un. Entoure, le plus vite possible, celui qui n'est pas répété.

1 PAILLASSON - PAGES - PANTOUFLE - PIÈGES - PARACHUTE -
PARACHUTE - PAGES - PANTOUFLE - PAILLASSON -

2 MARCHAND - MANDOLINE - MANNEQUIN - MASTIQUE - MANDARIN -
MANDARIN - MASTIQUE - MARCHAND - MANDOLINE -

3 FAVORITE - FAMILIER - FANTÔME - FAUTEUIL - FABULEUX -
FAUTEUIL - FABULEUX - FANTÔME - FAVORITE - FARINEUX - FAMILIER -

4 HOMMAGE - HONNEUR - HERBEUX - HALTÈRE - HAMEÇON - HADDOCK -
HOMMAGE - HERBEUX - HAMEÇON - HADDOCK - HALTÈRE -

5 GROGNER - GUÉPARD - GRILLON - GRIZZLI - GUICHET -
GRUMEAU - GUICHET - GROGNER - GRIZZLI - GRILLON - GUÉPARD -

2 Même consigne que précédemment.

1 BALAIS - BANANE - BALLON - BALLOT - BAVARD - BASSIN -
BANANE - BALLOT - BALAIS - BAVARD - BASSIN - BASSET - BALLON -

2 ABATTU - ABRUPT - ABRUTI - ABSOLU - ACTEUR - ACTION - ACTUEL -
ACTEUR - ABATTU - ABRUPT - ACTION - ABRUTI - ABSOLU -

3 REDIRE - RESTER - REPOSE - REPAVÉ - REQUIN - RETAPÉ - RETOUR -
REDIRE - REPOSE - REQUIN - RETAPÉ - RETOUR - RESTER -

4 TAPIS - TABLE - TARIF - TAROT - TARTE - TERRE - TONDU - TITRE -
TONDU - TARIF - TAPIS - TABLE - TAROT - TERRE - TITRE -

5 ÂGE - AIL - AMI - ÂNE - ARC - BLÉ - COL - CRU - DUC - FOU - DOS -
BLÉ - DOS - AIL - AMI - ARC - ÂNE - ÂGE - FOU - DUC - CRU -

Colliers de mots perlés

COMPREHENSION

3 **Lis la règle de fabrication de chaque collier. Vérifie si les colliers sont bien fabriqués. Souligne les erreurs.**

Règle de fabrication du collier n° 1 : un verbe + un nom qui complète ce verbe + un verbe + un nom qui complète ce verbe...

chanter -•- chanson -•- manger -•- glace -•- coudre -•- →

→ bouton -•- planter -•- rosier -•- démarrer -•- tracteur -•- →

→ apprendre -•- leçon -•- jouer -•- guitare -•- tailler -•- crayon -•- →

→ regarder -•- télévision -•- rire -•- oiseau -•- ouvrir -•- bouche

Exemple : un verbe : chanter + un nom : chanson... On a souligné rire et oiseau qui ne vont pas ensemble.

Règle de fabrication du collier n° 2 : un verbe + un nom qui complète ce verbe + un verbe + un nom qui complète ce verbe...

boire -∞- lait -∞- enfiler -∞- pantalon -∞- →

→ déchirer -∞- chemise -∞- escalader -∞- montagne -∞- →

→ chanter -∞- saucisse -∞- cirer -∞- pied -∞- partir -∞- vacances -∞- jouer →

→ musique -∞- gagner -∞- partie -∞- écrire -∞- →

→ phrase -∞- attacher -∞- collier

Règle de fabrication du collier n° 3 : un nom + un adjectif qui complète ce nom + un nom + un adjectif qui complète ce nom...

ciel -≡- bleu -≡- orange -≡- orange -≡- orage -≡- violent -≡- →

→ feu -≡- rouge -≡- bois -≡- sec -≡- charbon -≡- noir -≡- feu -≡- →

→ vert -≡- eau -≡- vive -≡- nuit -≡- noire -≡- livre -≡- ouvert -≡- →

→ talon -≡- fermé -≡- hiver -≡- rigoureux -≡- bouteille -≡- →

→ vide -≡- été -≡- torride -≡- lecture -≡- facile -≡- →

→ collier -≡- réussi

4 Même consigne que précédemment.

Règle de fabrication du collier n° 1 : un nom désignant un ensemble + un nom désignant un élément de cet ensemble + un nom désignant un ensemble + un nom désignant un élément de cet ensemble...

une couvée -⁂- un poussin -⁂- une équipe -⁂- un joueur -⁂- →

→ une classe -⁂- un élève -⁂- un garçon -⁂- une fille -⁂- →

→ un orchestre -⁂- un musicien -⁂- un essaim -⁂- une abeille -⁂- →

→ un collier -⁂- une perle -⁂-

Règle de fabrication du collier n° 2 : un ensemble + une partie ou un accessoire de cet ensemble + un ensemble + une partie ou un accessoire de cet ensemble...

télévision -•≡∘≡- antenne -•≡∘≡- chanteur -•≡∘≡- micro -•≡∘≡- →

→ chien -•≡∘≡- laisse -•≡∘≡- dompteur -•≡∘≡- fouet -•≡∘≡- →

→ chaussure -•≡∘≡- lacet -•≡∘≡- ordinateur -•≡∘≡- écran -•≡∘≡- →

→ chat -•≡∘≡- chapeau -•≡∘≡- lit -•≡∘≡- couverture -•≡∘≡- livre -•≡∘≡- →

→ couverture -•≡∘≡- cheval -•≡∘≡- selle -•≡∘≡- maison -•≡∘≡- →

→ toit -•≡∘≡- ceinture -•≡∘≡- boucle -•≡∘≡- téléphone -•≡∘≡- →

→ écouteur -•≡∘≡-

Règle de fabrication du collier n° 3 : un nom + un adjectif + le contraire de cet adjectif + un nom + un adjectif + le contraire de cet adjectif...

viande -≡- crue -≡- cuite -•- maison -≡- neuve -≡- ancienne -•- →

→ appartement -≡- minuscule -≡- immense -•- marteau -≡- léger -≡- →

→ lourd -•- chauffeur -≡- prudent -≡- imprudent -•- couverture -≡- →

→ épaisse -≡- chaude -•- boisson -≡- sucrée -≡- amère -•- feu -≡- →

→ doux -≡- vif -•- plafond -≡- bas -≡- haut -•- verre -≡- plein -≡- →

→ vide -•- fruit -≡- mûr -≡- vert -•- exercice -≡- facile -≡- aisé -•- chien -≡- →

→ gentil -≡- méchant -•- enfant -≡- obéissant -≡- sage -•- collier -≡- →

→ terminé -≡- achevé ----

VITESSE RECHERCHE

Un intrus dans le dessin animé

5

Dans ces phrases « collées », il y a un mot intrus. Lis-les attentivement en silence. Trace rapidement une barre de séparation entre les mots. Coche le mot intrus. La première est donnée en exemple.

1 Le/dessin/animé/fit/son/apparition/en/Astérix/1892.	☐ ☒ ☐	dessin Astérix animé
2 C'estunprofesseurfrançais,ÉmileReynaud,quidécouvrit leprincipedudessinanimélorsqu'ilLuckyLukevoulut illustrersescoursd'unemanièreagréable.	☐ ☐ ☐	Lucky Luke illustrer principe
3 C'estauxÉtats-Unisd'Amériquehérosquele dessinanimés'estdéveloppéleplusrapidementaupoint dedevenirunevéritableindustrie.	☐ ☐ ☐	industrie Amérique héros
4 Ledessinaniméestunartquicoûtetrèscheretdont laréalisationdemandebeaucoupdepatienceimaginés etdeminutie.	☐ ☐ ☐	imaginés patience minutie

6

Même consigne que précédemment.

1 Chaquemouvementd'undessinanimédoitêtreGoscinny décomposépourobtenirvingt-quatreimagesàlaseconde.	☐ ☐ ☐	images seconde Goscinny
2 Lesdécorsetlesobjetssontreproduitscélèbres autantdefois;celareprésentedesmilliersde dessinspourquelquesminutesdeprojection.	☐ ☐ ☐	objets célèbres décors
3 Engénéral,lesdevenusimagessontdessinéessurdesfeuilles deCelluloïdtransparent;chaqueimageestensuitecopiée surlaprécédenteavecdelégèresmodifications.	☐ ☐ ☐	devenus Celluloïd chaque
4 Enfaisantvedettessesuivretoutescesmodifications,on donnel'illusiondumouvement.	☐ ☐ ☐	illusion vedettes modifications
5 Enfindessin,lorsquetoutestterminé,onpasse àlasonorisation,c'est-à-direàlamiseenplace desdialoguesetdelamusique.	☐ ☐ ☐	musique dialogues dessin

◆ **7** **Les phrases des exercices 5 et 6 forment un texte.**
Lis-les le plus vite possible. Pour t'aider, tu peux lire à haute voix.

♣ **8** **Complète la phrase suivante en reprenant, dans l'ordre, chaque mot que tu as coché dans les exercices 5 et 6.**

Astérix et ————— ——— sont deux ————— de bandes dessinées qui ont

été ————————— par ————————— et dessinés par Uderzo et Morris.

Ces ————————— personnages sont également ————————

des ————————— du ——————— animé.

D'après *l'Encyclopédie Larousse des Jeunes, 1984.*

Les homonymes

♥ COMPRÉHENSION

9 **Fais bien attention à l'orthographe et aux définitions des homonymes*.**
Ensuite, coche, dans les phrases, les mots qui conviennent.

hauteur	: dimension, dans le sens vertical, de la base au sommet. (La hauteur d'un immeuble par exemple.)
auteur	: personne qui a écrit un ouvrage de littérature, de science ou d'art. (L'auteur d'un livre par exemple.)

1 En lisant, Arthur découvre que la { ☐ auteur / ☐ hauteur } du mont Blanc est de 4 807 mètres. Mais Arthur se demande comment diable l' { ☐ auteur / ☐ hauteur } de son livre a fait pour savoir une telle chose. « Peut-être est-il alpiniste », pense-t-il.

* Les homonymes sont des mots qui se prononcent et s'écrivent parfois de la même manière, mais qui n'ont pas le même sens.

bal	: réunion où l'on danse.
balle	: petite boule élastique dont on se sert dans divers jeux.

2 Pour la fête de l'école, Arthur présenta un numéro de jongleur, il lança en l'air des { ☐ bals / ☐ balles } de toutes les couleurs. Très adroit, il fut applaudi chaleureusement. Et, le soir, la maîtresse ouvrit le { ☐ bal / ☐ balle } des grandes personnes avec lui. Arthur était aux anges !

bon	: contraire de mauvais.
bond	: action de bondir, faire un saut.

3 Le kangourou est un animal qui ne sait pas courir ; il avance en faisant des { ☐ bonds / ☐ bons } de 3 m de haut et de 10 m de long « Si j'étais aussi { ☐ bond / ☐ bon } en gymnastique, je sauterais par-dessus l'école d'un seul { ☐ bon / ☐ bond } pour épater les copains. Je serais le roi des bons bonds », dit Arthur en riant.

10 Même consigne que précédemment.

amande	: fruit de l'amandier.
amende	: somme d'argent que l'on doit verser après une infraction (au code de la route par exemple).

En conduisant sa voiture, Arthur croque des { ☐ amendes. / ☐ amandes. } Distrait par sa gourmandise, il ne voit pas le feu rouge et se fait arrêter par un gendarme qui lui dit : « Croyez-moi, votre { ☐ amande / ☐ amende } va être "salée !" »
Arthur, qui est vraiment très distrait, lui répond : « Mais, Monsieur le gendarme, elles ne sont pas salées, mes { ☐ amendes, / ☐ amandes, } elles sont grilllées et délicieusement sucrées ! » Le gendarme croit qu'Arthur se moque de lui et lui dresse une seconde { ☐ amande / ☐ amende } pour « outrage à agent ».

— Ben mon vieux, se dit Arthur, la prochaine fois, je lui prononce ça avec la bonne orthographe ! Ça m'évitera de ramasser une amende « salée » pour quelques amandes sucrées...

Elle m'énerve, maman !

♦ **11** **Lis ce texte le plus rapidement possible, sans faire attention aux carrés placés dans la marge.**

Pascal est un élève de CM2. Demain, il va avoir un contrôle de maths et comme il ne sait pas très bien ses leçons, il décide de faire semblant d'être malade. Pour cela, il a demandé des conseils à son ami Franck qui lui suggère de mâcher des petits bouts de papier blanc et d'approcher le thermomètre de l'ampoule de sa lampe pour faire croire qu'il a une angine.

— Ça a été à l'école ? m'a demandé maman. ▲
— Pas trop. Je ne sais pas ce que j'ai, ma tête tourne. ●
— Approche.
Elle me met la main sur le front.
— Un peu de fatigue sans doute. Tu n'as pas de fièvre... ☐
— Mais si j'en ai...
— Mais non, tu vas te coucher un peu plus tôt et puis tu verras, demain tu seras très bien. Ne t'inquiète pas.
— Je suis malade.
— Non, tu n'es pas malade ! Tu as contrôle demain ? ☐
— Mais non ! Pourquoi tu me demandes ça ?
— Alors pourquoi tu ne veux pas aller à l'école ?
— Je ne me sens pas très bien. J'ai mal à la gorge. Tiens. Regarde. ☐
— Bon, tu as la gorge un peu irritée. C'est tout. Je vais te donner un peu de sirop.
Elle m'ennuie, maman. Comment peut-elle voir que je ne suis pas malade ? J'ai dû avaler les petits bouts de papier blanc.
— Je veux que tu prennes ma température. ☐
— Bon, si tu veux. Va au lit. Je vais te bichonner un peu ce soir. Je monte le chauffage. Tu prendras ta douche demain matin. J'apporte le thermomètre, le sirop et puis un chocolat chaud.
Je me couche. Maman me donne le thermomètre. Elle range mes affaires.
— C'est bien parce que tu es malade. Je ne dis rien. Mais tu sais que je veux que tu plies ton pantalon... Regarde-moi ces chaussettes qui traînent. ☐
Et elle reste là à ranger. Elle en profite pour ramasser un jeu par terre, un livre renversé. Elle m'énerve.
— Touche pas à mes affaires. C'est mes affaires !
Elle va tout faire rater, maman. Demain mon contrôle sera catastrophique. J'aurai une sale note. Ma moyenne va encore chuter. Ça va être horrible.
— Montre-le, ce thermomètre. ☐
— Encore un peu, maman...
Elle sort de la chambre. Je l'entends dans la cuisine. Elle ouvre le frigo... Je

sors le thermomètre. Je l'approche de l'ampoule... Mais j'entends ses pas qui reviennent. Vite je replonge le thermomètre sous les couvertures.

— Ton chocolat, tu le veux épais ou non ? Avec un peu de miel ? ______ ☐

Elle m'énerve, maman.

— Montre-moi ce thermomètre. Si tu avais de la fièvre, il aurait déjà explosé.

Elle ne me fait pas rire, maman.

— 37°,6. Demain matin, on reprendra ta température. Mais même si tu as un peu plus de 37, tu pourras aller à l'école. Tu es presque un homme et tu as maths, il ne faut pas que tu manques un cours de maths... tu as vu ta moyenne ?... Oh ! mon lait !...

Maman et papa se sont relayés pour m'aider dans mon travail. J'ai dû mentir pour les maths et j'ai appris une leçon qu'on n'avait pas encore vue. Papa a mis un disque. Maman s'est mise à tricoter. Ça m'énerve, le tricot.

— Pourquoi tu tricotes, maman ? ______ ☐

— Parce que j'aime ça.

— Et papa, est-ce qu'il sait tricoter ?

— Mais bien sûr ! C'est lui qui m'a appris. ______ ☐

Papa passe de temps en temps :

— Vous avez besoin de quelque chose ? il demande. ______ ☐

Il m'énerve aussi, papa. Je n'aime pas quand on est gentil comme ça avec moi. Je ferme les yeux. Je fais semblant de dormir. Ça, j'y arrive. Ils m'embrassent sur le front, éteignent la lumière et s'en vont. J'ai attendu qu'ils se couchent. J'ai attendu encore. J'ai rallumé. J'ai sorti mes affaires de maths et j'ai travaillé... J'ai travaillé comme un malade. J'ai arrêté, il était six heures du matin. Maman m'a réveillé à sept heures.

— Tu as eu faim cette nuit ? Tu es tout pâle... ______ ☐

Maintenant que je sais mes maths, que je vais remonter ma moyenne, elle va me forcer à rester à la maison. Elle fait tout pour m'énerver, maman.

— Je me sens bien ce matin, maman...

Je suis parti en avance, de peur qu'elle ne décide au dernier moment de me garder au chaud. À l'école, le prof était absent. Il avait une angine.

D'après Yolande Lesourd, « Elle m'énerve maman », *Trop loin, trop longtemps,* Éd. Aubépine, 1985, 1987.

♥ **12** **Plusieurs personnages parlent dans cette histoire, Pascal, son papa et sa maman. Sauras-tu les reconnaître ?**
Dessine, dans les cases situées dans la marge, un • si c'est Pascal qui parle, un ▲ si c'est sa maman, un ■ si c'est son papa.
Les deux premiers sont donnés en exemple.

MÉMOIRE

Comment faire semblant ?

13 **Sans revenir au texte, mets une croix dans les bonnes cases.**

1 Pascal avale des petits bouts de papier blanc	parce qu'il aime ça	☐	a
	pour faire croire qu'il a une angine.	☐	b
	pour faire des boulettes	☐	c
2 Pascal dit que la tête lui tourne.	Il est réellement malade	☐	a
	Il a tourné comme une toupie	☐	b
	Il veut que sa mère s'inquiète	☐	c
3 Pascal approche le thermomètre de l'ampoule de sa lampe.	Il veut qu'on croie qu'il a une forte fièvre.	☐	a
	Il veut mieux voir ce thermomètre	☐	b
	Il veut prendre la température de l'ampoule.	☐	c

COMPRÉHENSION

Docteur, s'il vous plaît !

14 **Note dans chaque case la lettre du remède qui me permettra de soigner la maladie (ou l'accident) que je viens d'avoir.**

1 Pour soigner mon rhume :	☐	a) un gros baiser.
2 Pour guérir mes coups de soleil :	☐	b) un cachet d'aspirine.
3 Pour calmer ma toux :	☐	c) une pommade calmante.
4 Pour atténuer mon mal de tête :	☐	d) des gouttes dans le nez.
5 Pour consoler mon gros chagrin :	☐	e) une bande plâtrée.
6 Pour maintenir mon bras cassé :	☐	f) un peu de sirop.

MÉMOIRE — Vrai ou faux ?

15 **Sans revenir au texte, coche la bonne case : vrai ou faux ?**

	VRAI	FAUX
1 Dès que Pascal lui dit qu'il est malade, sa maman appelle un médecin.		
2 La maman de Pascal lui prépare du chocolat.		
3 Pascal est très énervé de voir sa mère toucher à ses affaires.		
4 Le thermomètre indique plus de 39 ° de fièvre. La maman de Pascal est très inquiète.		
5 Finalement, Pascal a magnifiquement réussi son contrôle de maths.		

COMPRÉHENSION — Un contrôle de maths pas ordinaire

16 **Le professeur de maths de Pascal étant absent, il a été remplacé par monsieur Lenturlu qui est un grand distrait. Écoute plutôt ce qu'il dit aux enfants de la classe en leur annonçant ce qu'ils vont devoir faire pendant le contrôle de maths. Barre ce qui n'a rien à voir avec les mathématiques.**

Pour votre contrôle de maths vous allez faire des additions, des multiplications, des divisions, des soustractions et des révolutions. Ensuite, vous dessinerez des triangles, des dromadaires et des carrés. Après, il y aura des problèmes très difficiles : par exemple, vous devrez trouver le poids de plusieurs caisses ou m'aider à choisir la couleur de mes cravates. Enfin, pour finir, je vous demanderai de transformer les grenouilles en carrosses, les kilogrammes en grammes et les mètres en centimètres. Vite au travail !

2

VITESSE

Docteur Jekill et Mister Hyde

1 **Dans la journée, il s'appelait Docteur Jekill ; à la nuit tombée il devenait Mister Hyde...**
Docteur Jekill était souriant , Mister Hyde l'était moins !
Les mots sont comme les hommes, parfois souriants, d'autres fois désagréables... Entoure la tête qui convient.
Quand le mot en gras évoque quelque chose d'agréable, entoure Docteur Jekill : . Au contraire, si c'est désagréable, entoure Mister Hyde : .

Les premiers sont donnés en exemple.

1 Un **bon** chocolat aux noisettes	10 Une **bonne** bouteille de limonade
2 Un **bon** film d'aventures	11 Une **bonne** punition
3 Un **bon** coup de pied au derrière	12 Un **parfait** honnête homme
4 Un **bon** rôti de veau	13 Un tableau **parfait**
5 Un **bon** rhume de cerveau	14 Un **parfait** escroc
6 Un **bon** repas chaud	15 Un travail **parfait**
7 Une **bonne** angine	16 Un ouvrier **parfait**
8 Une **bonne** farce	17 Un **parfait** enquiquineur
9 Une **bonne** soirée avec des amis	18 Une sauce **parfaite**

(Suite de l'exercice page 19)

19 Une élève **parfaite**	21 Une bêtise **parfaite**
20 Une voiture **parfaite**	22 Une poésie **parfaite**

2 Quand le mot en gras évoque quelque chose d'agréable, entoure Docteur Jekill : . Au contraire, si c'est désagréable, entoure Mister Hyde :

1 Un **beau** paysage	11 **Une belle** crapule
2 Un **beau** geste	12 Une **belle** histoire
3 Un **beau** cerf	13 Une **belle** promenade
4 Un **beau** livre	14 Une **belle** erreur
5 Un **beau** menteur	15 Une **belle** maison
6 Un **joli** petit garçon	16 Une **jolie** fracture
7 Un **joli** chaton	17 Une **jolie** frayeur
8 Un **joli** paresseux	18 Une **jolie** robe
9 Un **joli** coin	19 Une **jolie** fleur
10 Un **joli** bazar	20 Une **jolie** ville

COMPRÉHENSION

Du bois vert dans un feu vert...

3 **Entoure le contraire de l'adjectif de la colonne de gauche**
Souligne le contraire de l'adjectif de la colonne de droite.
Le premier est donné en exemple.

1	du bois vert	bleu - sombre - humide - ouvert - vendu - sec - bleu - rouge -	un feu vert
2	un cartable lourd	usé - chargé - sale - frais - aérien - pesant - fuyant - léger - neuf - orageux - frileux - bruyant -	un temps lourd
3	une brise fraîche	furieuse - horrible - différente - blanche - chaude - ancienne - vague - cachée - huilée -	une trace fraîche
4	un arrêt brutal	pénible - gentil - courageux - gras - riche - sourd - gradué -	un garçon brutal
5	des assiettes creuses	mauvaises - rebondies - décorées - bleues - appétissantes - plates - faciles - vernies - boisées -	des joues creuses

4 **Même consigne que précédemment.**

1	un bifteck bleu	grincheux - fin - solide - bien cuit - furieux - moelleux - gris - étroit -	un ciel bleu
2	la marée basse	drôle - neuve - dangereuse - fatiguée - bonne - mauvaise - haute - étroite - chaude -	une vue basse

3	une explication claire	sombre - forte - amusante - brutale - aimable - profonde - embrouillée - dense - sèche -	une maison claire
4	de l'eau douce	raide - râpeuse - froide - rapide - chaude - salée - gentille - bleue	une peau douce
5	un mouvement gauche	propre - courbe - net - dur - automatique - complet - sec - nerveuse - droite - adroit -	la main gauche

Un petit coup de main ou un grand coup de pied ?

VITESSE

5 **Relie d'un trait, le plus vite possible, chaque début de phrase à la fin qui lui convient le mieux.**

1 J'aime mieux recevoir un bon point qu'un — bon chocolat chaud. / bon coup de pied.

2 Ce parfait employé était aussi malheureusement — un parfait escroc. / un parfait honnête homme.

3 Ce bon vivant adore faire des — bonnes farces. / bonnes à tout faire.

4 À la récréation, j'ai fait une belle bêtise et j'ai eu — une belle punition. / une belle image.

6 Même consigne qu'au numéro 5.

1 Ce parfait ouvrier a exécuté un
- travail parfait
- virage parfait.

2 Cette jolie descente à ski m'a valu
- une jolie fracture.
- une jolie épluchure.

3 Pour soigner un bon rhume de cerveau, rien de tel qu'un
- bon sirop.
- bon hiver.

4 Cette petite élève est parfaite,
- elle sait parfaitement copier sur ses amies.
- elle sait parfaitement ses leçons.

5 Cet homme est une belle crapule,
- il ne fait que de belles actions.
- il en fait de belles !

COMPRÉHENSION

Un ballon (de) rouge

7 Coche la phrase dans laquelle le mot en gras a la même signification que dans la phrase encadrée.

1 Il s'approcha du comptoir du bar, demanda un **ballon** de rouge, puis, quand il fut servi, but son vin à petites gorgées gourmandes.

- ☐ a) L'avant-centre des bleus trompa le goal des rouges et, en un instant, le **ballon** se retrouva dans les filets.
- ☐ b) Il en avait assez de ce café où il devait servir du matin au soir des **ballons** de Côte-du-rhône ou de beaujolais à des ivrognes bavards ou coléreux.
- ☐ c) Cette rentrée d'argent arrive à point, c'est un véritable **ballon** d'oxygène.

2 Dans la cour de la caserne, les **bleus** venaient de débarquer, encore vêtus de costumes civils, ils regardaient défiler les soldats déjà bien entraînés.

- ☐ **a)** En me cognant contre cette poutre je me suis fait un **bleu.**
- ☐ **b)** Pourquoi as-tu eu l'idée saugrenue de peindre ton plafond en **bleu** marine ?
- ☐ **c)** C'était un jeunot, un innocent qui n'avait encore rien vu et qui venait pour la première fois au collège, pour tout dire un **bleu.**

3 J'allais à la bibliothèque et regardais le **dos** des livres pour trouver le titre que je cherchais.

- ☐ **a)** Le bibliothécaire époussetait le **dos** d'énormes volumes que personne n'osait jamais consulter.
- ☐ **b)** J'arrive sur la plage, j'étends ma natte sur le sol et, couché sur le **dos**, je rêve en regardant filer les nuages.
- ☐ **c)** Ma chatte dormait tranquillement ; soudain voici le chien du voisin. Aussitôt elle se hérisse et fait le gros **dos.**

8 Même consigne que précédemment.

1 La marmotte se plaît en haute montagne, c'est vraiment là son **milieu.**

- ☐ **a)** Je n'aime pas être assis au **milieu** de gens trop bavards.
- ☐ **b)** Il a coupé cette feuille de papier juste en son **milieu**.
- ☐ **c)** Je me demande si les grandes villes sont un **milieu** bien agréable pour les enfants.

2 Il avait soixante ans, et ma foi, comme il était fatigué de son travail, il fut plutôt content de partir à la **retraite**.

- ☐ **a)** « Je serai en **retraite** dans une dizaine d'années, d'ici là j'ai encore beaucoup de kilomètres à parcourir sur les routes », déclara le chauffeur routier.
- ☐ **b)** Napoléon battu à Waterloo, les troupes françaises commencèrent une **retraite** qui se transforma bientôt en déroute.
- ☐ **c)** À dix ans j'avais découvert une espèce de petite grotte ignorée de tous, j'en fis ma **retraite** préférée.

3 Mon frère mit dans la cheminée une brassée de bois **sec** qui s'enflamma en un instant.

- ☐ **a)** J'ai beau me creuser la tête pour répondre à cette question, il n'y a rien à faire, je reste **sec.**
- ☐ **b)** C'était un vrai pirate, jurant fort, buvant **sec** et ne craignant ni dieu, ni diable.
- ☐ **c)** Quand le foin est **sec** il faut le rentrer dans la grange.

VITESSE

Un automobiliste de 322 tonnes...

9 **Lis à haute voix et complète le texte en choisissant dans les marges les mots ou groupes de mots qui te permettront de construire l'article intitulé :**

« Un Boeing 747 perd une partie de son aile gauche. »

Colorie en vert les numéros de cet article.

1 automobiliste	Un ______	2 Boeing 747
3 322 tonnes	de ______	4 32 ans
5 roulait	qui ______ vers	6 volait
7 sans permis	Marseille ______	8 avec 450 passagers
	dans la nuit de dimanche à lundi,	
9 atterri	a ______	10 mordu
11 sa force	de toute ______	12 urgence
13 sur l'aéroport	______ de Lyon.	14 un gendarme
	En effet, le pilote, réalisant	
15 agent	qu'un ______	16 morceau
17 police	de ______	18 l'aile gauche
19 se détacher	venait de ______	20 le siffler
21 refusé de s'arrêter	a tout d'abord ______	22 lancé un appel de détresse
23 chasse	Il a été aussitôt pris en ______	24 charge
25 le policier de la route	par ______	26 les contrôleurs du ciel
	Finalement, on parvenait	
27 poser l'appareil	à ______	28 arrêter le véhicule
29 l'aviation civile	Le porte-parole de ______	30 la gendarmerie
31 les passagers	a indiqué que ______ après	32 l'automobiliste
33 arrêté	avoir été ______	34 réconfortés
35 ont calmement regagné un autre avion.	______	36 a sauvagement mordu le gendarme.

10 Recommence avec l'article intitulé :
« Un automobiliste roule sans permis et mord un gendarme. »

Colorie en jaune les numéros de cet article.

11 À partir de ce même exercice, Arthur s'est amusé à mélanger les phrases pour construire une drôle d'histoire dont le titre est :
« Un Boeing 747 roule sans permis et mord un gendarme. »

Note les numéros de cet article. Les trois premiers sont donnés en exemple.

Numéros : 2 - 4 - 5 ____________________

Il s'est aussi amusé à construire une drôle d'histoire dont le titre est :
« Un automobiliste perd son aile gauche ! »
Note les numéros de cet article. Les deux premiers sont donnés en exemple.

Numéros : 1 - 3 ____________________

Lis tes drôles d'histoires à tes camarades et compare avec celles qu'ils ont trouvées.

COMPRÉHENSION

Es-tu patient(e) ?

12 **Coche la réponse qui te convient le mieux.**

1 Ton petit frère ou ta petite sœur te demande pour la quatrième fois en un quart d'heure de lui raconter la même histoire. Que fais-tu ?

a) ☐ Tu t'installes confortablement dans un fauteuil et tu lui relis l'histoire.
b) ☐ Tu lui expliques gentiment, mais fermement, que tu n'as pas envie de raconter une fois de plus la même histoire et tu lui proposes un autre jeu.
c) ☐ Enervé(e), tu lui prends le livre des mains et tu le poses violemment sur le buffet. Puis tu allumes la télévision en mettant le son assez fort pour couvrir ses pleurs.

(Suite pages 26-27)

2 Ouf ! Enfin en vacances ! Les valises sont déjà dans le coffre. Tu sautes dans la voiture et en route pour la plage ! Mais voilà, au bout de 20 km vous êtes bloqués dans un embouteillage...

a) ☐ Tu conseilles au chauffeur de klaxonner.
b) ☐ Tu en profites pour te plonger dans la lecture de ton magazine préféré.
c) ☐ Tu rêves de tordre le cou à tous ces imbéciles qui bloquent la circulation.

3 Au concours du chocolat « SAKROK », tu as gagné un voyage d'une semaine en Angleterre. En arrivant à l'aéroport, on t'annonce que l'avion a deux heures de retard.

a) ☐ De rage, tu déchires ton billet d'avion et jures de ne plus jamais faire de concours. Tu rédiges une lettre d'insultes au directeur des chocolats « SAKROK ».
b) ☐ Formidable, tu as deux heures devant toi pour visiter l'aéroport !
c) ☐ Tu t'assois dans la salle d'attente en soupirant : « Vraiment pas de chance aujourd'hui ! »

4 Tu es invité (e) chez un (e) camarade qui te propose de jouer à un jeu de société. Que choisis-tu ?

a) ☐ Faire un château de cartes.
b) ☐ Jouer dehors parce que les jeux de société t'agacent.
c) ☐ Jouer aux dames.

5 À l'école, en travaux manuels, vous apprenez à faire un pliage assez compliqué.

a) ☐ Tu es allé(e) trop vite, ton pliage n'est pas réussi. Tu n'as pas très envie de recommencer.
b) ☐ Quelle idée de faire des trucs aussi compliqués ! Au premier « faux pli », tu froisses nerveusement la feuille et tu suggères à la maîtresse de faire du bricolage la prochaine fois.
c) ☐ Tu prends ton temps, tu suis bien les indications de la maîtresse pour être sûr(e) de réussir le pliage.

6 Tu vas acheter du pain et il y a une longue file d'attente chez le boulanger.

a) ☐ Tu essayes discrètement de resquiller une place ou deux.
b) ☐ Tu attends patiemment ton tour.
c) ☐ Tu repars furieux(se) en te disant que pour une fois vous vous passerez bien de pain pour manger.

7 Ton stylo à plume n'écrit plus.

a) ☐ Ça t'énerve, tu le piétines et le jettes à la poubelle.
b) ☐ Tu le démontes et tu essayes de voir pourquoi il ne fonctionne plus.
c) ☐ Tu le poses sur ta table et prends un stylo à bille.

8 Il fait beau et tu as projeté d'aller faire une promenade en vélo. Au moment de partir, tu découvres que le pneu avant est dégonflé.

a) ☐ Tu entreprends de réparer le pneu en maudissant ce vélo qui est toujours en panne au mauvais moment.
b) ☐ Tu répares soigneusement le pneu en pensant que c'est une chance qu'il n'ait pas crevé en route.
c) ☐ Un coup de pied dans ce satané vélo et tu rentres chez toi pour regarder la télévision.

9 Tu t'es foulé la cheville en faisant du sport. Le médecin t'a conseillé de ne pas marcher pendant une semaine.

a) ☐ Tu respectes sagement ses conseils pendant quatre jours ; le cinquième jour, tu en as assez de rester au lit et tu vas faire un tour dehors.
b) ☐ Tu prends ton mal en patience, tu restes une semaine sans te déplacer plutôt que de risquer d'aggraver ta foulure.
c) ☐ Tu fonds en larmes en disant au médecin que jamais de la vie tu ne pourras supporter de rester immobile pendant une semaine.

10 Tu as passé un après-midi à faire un puzzle de 2 000 pièces et tu t'aperçois qu'il manque la dernière. Que fais-tu ?

a) ☐ Tu vas chercher ton matériel de travaux manuels, tu dessines le motif de la pièce manquante et tu la fabriques.
b) ☐ Tu te mets à hurler : « C'est pas possible, dans cette maison, on ne peut jamais avoir un jeu complet ! » Tu accuses à tour de rôle : ta mère et ton père qui rangent toujours tout sans faire attention, ton petit frère et ta petite sœur qui mélangent toutes tes affaires, ton chat qui a encore fait une bêtise... Tu jettes violemment le puzzle par terre et tu sors en claquant la porte.
c) ☐ Tu cherches dans toute la maison. « Où diable peut bien se cacher cette pièce ? » Au bout d'un quart d'heure, tu finis par te lasser et tu vas jouer au ballon.

(Résultats page 28)

En t'aidant du tableau ci-dessous, compte le nombre de points correspondant aux réponses que tu as cochées dans le test. Reporte ton score dans la colonne de droite. Calcule ton total et compare-le aux résultats du test.

QUESTIONS	Réponses			TES SCORES
	a	b	c	
1	3 points ______	2 points	1 point ______	....
2	2 points ______	3 points	1 point ______	....
3	1 point ______	3 points	2 points ______	....
4	3 points ______	1 point	2 points ______	....
5	2 points ______	1 point	3 points ______	....
6	2 points ______	3 points	1 point ______	....
7	1 point ______	3 points	2 points ______	....
8	2 points ______	3 points	1 point ______	....
9	2 points ______	3 points	1 point ______	....
10	3 points ______	1 point	2 points ______	....

TON TOTAL : ______________

Si tu as obtenu de 10 à 16 points :
Aïe ! Aïe ! Aïe ! Ton cas est quasiment désespéré, avec un tel tempérament, tu ne vas pas faire de vieux os ! Un conseil : évite les puzzles de 2 000 pièces et autres jeux de patience et inscris-toi, le plus vite possible, à un cours de yoga pour te calmer les nerfs.

Si tu as obtenu de 17 à 23 points :
Ta patience a des limites, c'est bien normal. Mais ça n'est pas une raison pour essayer de resquiller une place dans la file d'attente ou klaxonner à tue-tête dans les embouteillages ! Un conseil : apprends à respirer profondément et à garder ton calme quand tu sens que la moutarde te monte au nez !

Si tu as obtenu de 24 à 30 points :
Bravo ! Une telle patience mérite d'être saluée. Mais attention que ton petit frère ou ta petite sœur n'en profite pas pour te faire tourner en bourrique ! Un conseil : inscris-toi au prochain concours de châteaux de cartes. Si en plus tu es habile, tu as toutes tes chances !

3

Le livre-étiquette

VITESSE

1 **Dans chaque pile, il y a un livre qui résume tous les autres. Entoure le plus rapidement possible le « livre-étiquette » de chaque pile. Le premier est donné en exemple.**

A

1 la villa
2 le pavillon
3 le chalet
4 l'appartement
5 l'habitation
6 la chaumière
7 la maisonnette

B

1 **la paresse**
2 **le mensonge**
3 **la tricherie**
4 **le défaut**
5 **la méchanceté**
6 **l'égoïsme**
7 **la jalousie**

C

1 le salon
2 la cuisine
3 la chambre
4 la salle de bains
5 la salle à manger
6 la pièce
7 le grenier

D

1 la soie
2 du coton
3 du drap
4 du tissu
5 de la dentelle
6 le velours
7 du satin

E

1 LA MAIRIE
2 L'ÉCOLE
3 LE BÂTIMENT PUBLIC
4 L'HÔTEL DE POLICE
5 L'HÔPITAL
6 L'ÉGLISE
7 LA GENDARMERIE

F

1 LA PÊCHE
2 LA CHASSE
3 LA PÉTANQUE
4 LA DISTRACTION
5 LA LECTURE
6 LA MUSIQUE
7 LE DESSIN

G

1 LA PLUIE
2 LA NEIGE
3 LA GRÊLE
4 LES INTEMPÉRIES
5 LE VENT
6 LES GIBOULÉES
7 UNE TORNADE

H

1 L'INGÉNIEUR
2 LE VÉTÉRINAIRE
3 L'INFIRMIÈRE
4 LE MENUISIER
5 LE PROFESSEUR
6 LA PROFESSION
7 LE PHARMACIEN

2 Même consigne que précédemment.

A

1 la gentillesse
2 la politesse
3 la charité
4 la qualité
5 le courage
6 l'attention
7 la discrétion
8 le soin

B

1 la peur
2 la colère
3 la crainte
4 la timidité
5 la tristesse
6 l'espoir
7 la honte
8 le sentiment

C

1 le couteau
2 le compas
3 la petite cuillère
4 le stylo-bille
5 le casse-noix
6 la pelle à tarte
7 l'ustensile
8 la passoire

D

1 joyeux
2 admirable
3 adjectif
4 timide
5 sensationnel
6 dangereux
7 explosif
8 soigneux

E

1 DU TAPAGE
2 DU VACARME
3 DU FRACAS
4 DU TINTAMARRE
5 DU CHARIVARI
6 UN MURMURE
7 UN CRI
8 DU BRUIT

F

1 MURMURER
2 CHUCHOTER
3 PARLER
4 BAVARDER
5 GROMMELER
6 RÉPONDRE
7 DEMANDER
8 RÉPÉTER

G

1 UN FUMET
2 UN PARFUM
3 LA PUANTEUR
4 UNE ODEUR
5 UN ARÔME
6 UNE ÉMANATION
7 DES EFFLUVES
8 LA SENTEUR

H

1 UN FESTIN
2 UN REPAS
3 UN PIQUE-NIQUE
4 UN GOÛTER
5 UN DÎNER
6 UN DÉJEUNER
7 UN BUFFET FROID
8 UN SOUPER

Les mots en balance (I)

COMPREHENSION

3

Voici une balance ; sur le plateau de gauche, les deux mots sont liés. Trouve la même liaison sur le plateau de droite. Coche la case qui convient pour que la balance soit équilibrée.

1 chaud et froid — sec et ☐ humide ☐ désert

2 nuit et jour — matin et ☐ matinée ☐ soir

3 lourd et léger — facile et ☐ curieux ☐ compliqué

4 fort et faible — fragile et ☐ résistant ☐ léger

4 Même consigne que précédemment.

1 panthère et animal — marguerite et ☐ pétale ☐ fleur

2 armoire et meuble — carotte et ☐ légume ☐ courgette

3 montre et aiguille — stylo et ☐ plume ☐ encre

4 écolier et cartable — plombier et ☐ boîte à outils ☐ fuite d'eau

5 bateau et voile — livre et ☐ dictionnaire ☐ page

Entre chien et loup

VITESSE

5 **Voici une série d'expressions suivies de leur définition.**
Coche, le plus vite possible, la phrase qui correspond à la définition de chaque expression.

ENTRE CHIEN ET LOUP

Après le coucher du soleil et avant la tombée de la nuit.

1 ☐ Dans l'ordre alphabétique, le mot « dromadaire » se trouve entre « chien » et « loup ».
2 ☐ Il sortit entre chien et loup, juste quand le soleil se couchait.
3 ☐ Faites entrer les ours entre chiens et loups, dit le dompteur.

DONNER SA LANGUE AU CHAT

S'avouer incapable de trouver une solution.

1 ☐ Non, je ne sais pas, répondit Arthur, je donne ma langue au chat !
2 ☐ Il donna une caresse au chat qui le lécha de sa langue râpeuse.
3 ☐ Tu ne vas tout de même pas donner ta part de langue au chat, il a du mou, ça lui suffit bien !

6 **Même consigne que précédemment.**

POSER UN LAPIN

Ne pas venir à un rendez-vous qu'on a donné.

1 ☐ Délicatement, il posa un lapin au fond du clapier et lui apporta une carotte et un bol d'eau fraîche.
2 ☐ Arthur range ses jouets, place les petites voitures dans le garage, les livres sur l'étagère et pose un lapin en peluche sur le coin de son oreiller.
3 ☐ Papa m'a donné rendez-vous à la sortie de l'école, mais il n'est pas venu me chercher. Il m'a posé un lapin !

MONTER SUR SES GRANDS CHEVAUX

Se mettre en colère.

1 ☐ Au club d'équitation, Adine et Florent montèrent sur leurs grands chevaux noirs et blancs, ceux qu'ils préféraient, et partirent au galop sans attendre le moniteur.
2 ☐ Mon voisin n'est pas très patient, pour un rien il monte sur ses grands chevaux et se fâche avec tout le monde.
3 ☐ Le sorcier monta sur ses grands chevaux ailés, plongea à toute vitesse sur le dragon et lui trancha la tête d'un seul coup d'épée.

Manger un éclair foudroyant

COMPRÉHENSION

7 Pour éviter de manger un « éclair foudroyant », fais bien attention aux phrases que tu vas lire. Souligne les mots intrus.

1 Ce pâtissier est réputé pour ses éclairs foudroyants qui attirent tous les gourmets de la région.

2 Par grand vent, j'aime entendre le bruissement des feuilles quadrillées de peuplier.

3 Pêcheur, le vieux Thomas vivait seul depuis plus de cinquante ans ; il n'avait que deux amours : son bateau et la mer Michel.

4 Le sanglier fouille le sol de son groin, grogne et gronde ; il n'a vraiment pas l'air commode Louis XVI.

5 On ne peut pas pénétrer dans la cour de l'école lorsque la grille de mots croisés est fermée.

6 Ce steack au poivre est beaucoup trop épicé pour moi, j'ai la langue française en feu.

7 Mon petit chien est perdu depuis trois jours ; je vais mettre autrefois un avis de recherche dans les magasins du quartier.

8 Même consigne que précédemment.

1 Il faut une grue cendrée de très forte puissance pour soulever ces wagons accidentés et les remettre sur les rails.

2 Parmi les trois rescapés de ce naufrage, deux ont pu regagner la côte d'alerte malgré les vagues, le froid et la fatigue.

3 Arthur alluma un grand feu d'artifice de cheminée pendant que, dans la cuisine, sa maman s'activait à préparer une bonne soupe.

4 Le taureau fonça tête baissée et d'un coup de corne de brume envoya le toréador dans les gradins.

5 Le petit avion sous-marin, que Jean-Pierre avait reçu en cadeau pour ses dix ans, tournoyait dans le ciel.

6 Arthur appela Adine et lui dit : « Nous allons jouer aux Indiens, je m'appellerai "Œil de faucon" et moi. »

7 En moins de dix minutes, les broussailles puis les arbres furent la proie des femmes de l'incendie.

Une petite visite en France...

VITESSE

RECHERCHE

◆ **9** **Lis ce texte le plus rapidement possible sans tenir compte des listes encadrées.**

Il faudrait toute une vie pour connaître la France...

1 Tout près de chez nous, d'énormes engins sont en train de raser une colline. Elle gêne le passage de la future ligne du T.G.V., le train à grande vitesse. Marc nous a fait remarquer que la France change aussi à coups de pioche et de marteau-piqueur.

2 Il a raison. La France est un pays construit par ses habitants. Les villages, les villes, les routes sont souvent envahis par les pelleteuses, les bétonnières, les maçons, comme si tout le pays était un immense chantier.

3 Immense, en effet. Comme Marc ne voulait pas y croire, Nadia lui a demandé les dimensions d'un terrain de football. Cela fait à peu près 10 000 m², soit un hectare. Pour obtenir 1 km², il faut 100 terrains de football. Or, la France métropolitaine mesure 550 000 km², c'est-à-dire qu'elle est vaste comme 550 000 fois 100 terrains de football !

... et pas mal de temps pour serrer la main de ses habitants !

4 Et les Français ? Nous ne nous rendons pas bien compte de ce que représentent les 55 millions d'habitants de la métropole.

5 Marc nous a dit qu'au Parc des Princes, les jours de grand match, il y

Liste a.
Paragraphe n° **3**.
hectare
comme
métropolitaine
terrain
collier
vaste
immense
football

Liste b.
Paragraphe n° ☐
superficie
territoire
construction
petite
toute
paraît
Marc

Liste c.
Paragraphe n° ☐
porte
pays
un
une
construit
espèce
pelleteuses
immense
de

Liste d.
Paragraphe n° ☐
représentent
fait
des
millions
drapeaux
métropole
des

Liste e.
Paragraphe n° ☐
maximum
laisser
entrer
ticket
sa
minute
stade

Liste f.
Paragraphe n° ☐
nous
fait
notre
remarquer
coups
fusée
future
France
Ariane

a près de 55 000 spectateurs. Ça fait une foule énorme. Il faudrait imaginer mille fois plus de gens pour avoir une idée de ce que font 55 millions d'habitants.

6 Tenez, supposez que vous soyez à l'entrée d'un stade où viendraient tous les Français et que vous déchiriez le ticket de chacun. En allant très vite, vous laisseriez entrer au maximum une centaine de personnes par minute. Il vous faudrait plus d'un an, sans une seconde de repos, pour les laisser tous entrer !

7 Marc commence à changer d'avis. La France lui paraît de moins en moins petite... Mais attention, elle n'est quand même pas surpeuplée. Si l'on partageait son territoire entre toute la population, chaque habitant disposerait d'une superficie égale à un terrain de football.

Liste g.
Paragraphe n° ☐

pays
Parc
que
habitants
qui
grand
participent
imaginer
gens
avoir
à

♣10 **Dans chaque liste (a, b, c... g) il y a des mots qui ont été pris dans un paragraphe (1, 2, 3... 7).**
Note le numéro du paragraphe qui correspond à chaque liste.
Entoure les mots de la liste qui sont dans le paragraphe.
Attention, il y a des intrus. Le premier est donné en exemple.

♣11 **Maintenant, remets les listes dans le bon ordre :**

↓ Paragraphe 1 : liste —
↓ Paragraphe 2 : liste —
↓ Paragraphe 3 : liste **a**
Paragraphe 4 : liste —
Paragraphe 5 : liste —
Paragraphe 6 : liste —
Paragraphe 7 : liste —

Reprends les listes dans le bon ordre et relève tous les mots que tu n'as pas entourés. Mis bout à bout, ils doivent former une phrase concernant un grand projet auquel participe la France :

N——— ———— A———— ———— ——— ————

——– c———— ———— ——— ———— ———

p——— ——— ———————— — ——

c—————————

COMPRÉHENSION Combien de temps faudrait-il pour visiter la France ?

12 **Nadia, qui adore les chiffres, propose un autre calcul pour savoir combien de temps il faudrait pour visiter la France.**
Mais fais bien attention car, dans chaque énoncé, elle a ajouté une information inutile. Souligne-la.

Supposons que vous vouliez visiter la France en détail. Combien d'années vous faudrait-il ?

1 Pour visiter chaque village, il vous faudrait, disons, 2 heures. Vous pourriez donc visiter 4 villages par jour. Comme il y a 31 500 villages et 54 260 000 habitants, il faudrait donc :
31 500 : 4 = 7 875 jours pour les villages.

2 Pour visiter les villes de taille petite et moyenne, accordons-nous une journée, en allant vite ! Il existe 1 778 villes à visiter. Avec une température de 21 ° dans la zone sud, cela prendra :
1 778 × 1 = 1 778 jours pour les villes petites et moyennes.

3 Pour visiter les grandes villes, en allant très vite, il faut compter mettons 8 jours pour Paris, 4 pour Lyon, 3 pour Marseille, 2 pour Lille et environ 5 000 km de grands fleuves. Cela donne :
8 + 4 + 3 + 2 = 17 jours pour les 4 très grandes villes.

4 Abandonnons la visite des 6 000 km de rivages, des 5 000 km de grands fleuves, des presque 15 millions d'hectares de bois et forêt. N'allons pas non plus outre-mer. Nous achèterons donc à peu près une trentaine de paires de lunettes neuves.

a) Calculons le nombre total de jours en nous limitant aux villages et aux villes :
7 875 + 1 778 + 17 = 9 670 jours et 31 paires de lunettes.

b) En divisant par 365 pour obtenir l'âge du visiteur et le nombre d'années on obtient :
9 670 : 365 = 26, 49 315, soit près de 26 années et demie.

Et toi, quel âge as-tu ?

D'après François Beautier, *La Petite Géographie de la France*, Monde en Poche, Nathan, 1988.

VITESSE

Un pays vivant

13 **Lis ce texte le plus vite possible sans t'occuper des mots en marge.**

	Farid dit que la France est vivante parce	
bouge	qu'elle change sans arrêt. Pour mieux se	moins bien
	faire comprendre, il nous a rappelé qu'il	
	n'était pas français puisque ses parents	
	sont algériens. Mais il est né en France.	
moins bon	D'ailleurs, c'est le meilleur de la classe en	
	conjugaison. Et quand il aura 18 ans, Farid	
	pourra choisir de rester algérien ou de	devenir
	devenir français.	
	Finalement, nous avons compris qu'il y a	
	de nombreux Français dont les ancêtres ne	rares
	sont pas nés en France. C'est pour cela	
fort	que l'on trouve des noms très différents –	
	italiens, polonais, portugais, hollandais, etc.	
	– dans l'annuaire du téléphone.	l'annulaire
	Farid dit que c'est comme ça que la	
	population de notre pays s'est	
	continuellement mélangée à d'autres. Il a	
donné	pris l'exemple des Francs, vous savez, ces	
	envahisseurs qui se sont installés autour de	à l'intérieur
	Paris, il y a environ 1 500 ans. Eh bien, ces	
	Francs, qui ont donné leur nom à la France	
	et ont commencé à l'organiser en	
	royaume, ils s'appelaient les *Frkkr*. Là, Farid	
	a dû nous l'écrire, car c'est imprononçable.	
oublié	Nous, nous avons retenu que les Francs	
	étaient des étrangers pour les Gaulois et les	
	Romains qui habitaient chez nous avant	après
	eux. Et ce sont ces étrangers-là qui ont	
	commencé à faire de la France un pays	
incapable	capable de se défendre et d'imposer sa loi	
	aux voisins.	

14 **a) Souligne, dans la ligne, le contraire du mot placé dans les marges.**

b) Entoure, dans les marges, les mots qui n'ont pas de contraire.

Qui dit quoi ?

RECHERCHE

15 **Dans les trois textes précédents, fais bien attention à chaque personnage. Cherche qui dit quoi. Coche la bonne réponse. Attention au piège !**

		Farid a	Nadia b	Marc c
1	Je suis né en France, mais mes parents sont algériens.			
2	Les chiffres sont ma passion.			
3	J'adore les glaces italiennes.			
4	Mon idée de comparer les dimensions de la France à celles d'un terrain de football est astucieuse.			
5	Nadia est arrivée à me convaincre que la France est immense.			
6	J'ai de bonnes notes sur mon cahier de conjugaison.			
7	On peut me demander le nombre de spectateurs qu'il y a au parc des Princes les jours de grands matchs.			

4

Marabout'd'ficelle...

VITESSE

RECHERCHE

◆ **1** **Trouve ton chemin dans ce labyrinthe en t'inspirant de la technique du « Marabout'd'ficelle'de'cheval'de'course... »**
Exemple : disparu'ruban'bancal'calcul'culot'loterie.
Les mots de départ sont encadrés.

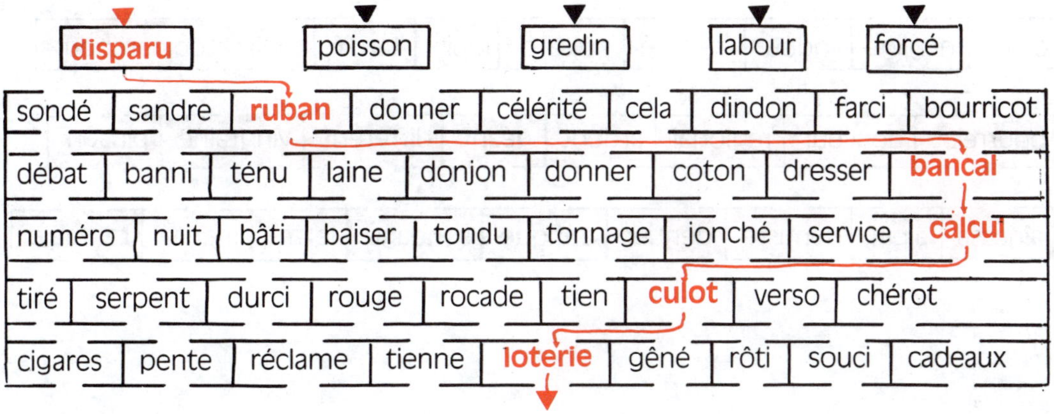

♣ **2** **En utilisant les mots justes, placés à la sortie du labyrinthe, Arthur a écrit une phrase. Laquelle est-ce ? Coche-la.**

1 ☐ Je ne me fais pas de souci pour toi, tu pourrais skier n'importe où, assis dans un fauteuil, un cigare à la bouche sans être gêné ! Mais, franchement, tu ne m'as pas fait de cadeau en m'emmenant jusque-là ! Tu te rends compte, une piste noire... la pente est beaucoup trop abrupte pour moi, comment veux-tu que je tienne debout sans risquer de me casser une jambe ?

2 ☐ Ce n'est pas la peine de lui faire de la réclame, avec la chance qu'il a, il va gagner à la loterie tous les cadeaux qui sont exposés : la boîte de cigares, le rôti, la bouteille de champagne...

3 ☐ Elle est partie réclamer le cadeau qu'elle a gagné à la loterie, mais elle se fait du souci, car elle a laissé son rôti dans le four et elle ne voudrait pas qu'il brûle !

4 ☐ Afin de faire de la réclame pour ses cigares, il choisit d'offrir une série de cadeaux destinés à la grande loterie qui devait avoir lieu pendant la kermesse.

5 ☐ Arthur décide d'offrir des cigares à son père pour son anniversaire. Puis, réfléchissant, il se dit : « Je me demande si je ne ferais pas mieux de choisir un autre cadeau puisqu'il ne fume pas ! » Il est un peu gêné et ne sait pas quoi prendre. « Ça ne fait rien, dit-il à la marchande, donnez-moi un billet de loterie, ça fera toujours une surprise ! »

♦ 3 Même consigne que précédemment. Attention, cette fois-ci un adjectif ne peut être relié qu'à un autre adjectif et un nom ne peut être relié qu'à un autre nom.

(Il y a trois séries d'adjectifs et trois séries de noms.)

adjectifs — noms

chevelu	venir	cachalot	tien	amical	vivant	baron	saler	corrida	pourtant
vantard	ensuite	luné	tanin	ronde	dactylo	depuis	loto	lunette	calme
devin	négligé	indou	mesuré	puisard	lopin	tardif	tenir	topinambour	
bourrelet	douceur	régional	ardent	géant	différent	vingtaine	pinson		
aînesse	alpin	dentiste	dentier	antique	sondage	lettre	inepte	rentable	

♣ 4 Et maintenant, dans quelle phrase a-t-on regroupé tous les mots justes qui se trouvent à la sortie du labyrinthe ?

1 ☐ Il ne faut pas, à la lettre, chercher à être rentable, quand on veut savoir par un sondage effectué dans les archives si le droit d'aînesse était bien respecté dans le monde alpin antique !

2 ☐ C'est vraiment inepte de chercher à faire un sondage parmi les dentistes pour savoir combien de dentiers ils mettent à des hommes de type alpin !

3 ☐ Le dentu est un délicieux poisson si tendre qu'on ne risque pas d'y laisser son dentier, dommage que sa pêche ne soit pas rentable et qu'on ne le trouve dans aucun massif alpin.

4 ☐ As-tu déjà vu un dentiste-alpin ? C'est un dentiste spécialisé dans les rages de montagnes ! Ça n'est pas un travail très rentable, parce que les montagnes sont tellement vieilles qu'elles ne peuvent plus ouvrir la bouche pour faire voir leurs dents de pierre. Il n'y a plus que les volcans pour ouvrir la gueule toute grande, mais alors là, quelle odeur !

5 ☐ Un massif alpin dentu, un dentiste marin pointu, un antique lapin velu, un sondage unique têtu, un fromage de bique fondu... Y'a quelque chose qui cloche là-dedans, j'y retourne immédiatement !

COMPRÉHENSION

Un point commun ou deux...

5 **Dans chaque liste, tous les mots présentent une ou deux ressemblances (fais bien attention au son, au sens et à l'orthographe des mots). Coche le mot qui peut compléter la liste.**

Un point commun :

1 une flèche - des fleurs - un trèfle - réfléchir - camoufler - du flan - flou -

☐ du fil
☐ érafler
☐ décoller

Deux points communs :

2 une marguerite - une anémone - du lilas - une pâquerette - un hortensia - des dahlias -

☐ un iris
☐ une abeille
☐ une jacinthe

Un point commun :

3 une valise - le désert - un fraisier - rasé - de la glaise - du bronze - le jazz -

☐ de la braise
☐ du riz
☐ le dessert

Deux points communs :

4 un vautour - un rouge-gorge - un ours - une poule - une grenouille - un poussin -

☐ un bijou
☐ un hibou
☐ un lapin

6 **Même consigne que précédemment.**

Un point commun :

1 une couleur - un ticket - une pancarte - une attaque - couper - un képi - une carte -

☐ des ciseaux
☐ un chemin
☐ un placard

Deux points communs :

2 une bourrasque - une averse - un ouragan - du brouillard - le verglas - un nuage -

☐ un orage
☐ le soleil
☐ une cascade

Un point commun :

3 une noisette - la toilette - une boîte - le trottoir - choisir - une poire - un roi -

☐ un coin
☐ une voiture
☐ une pioche

Deux points communs :

4 un cadeau - un crapaud - un chameau un panneau - un radeau - un château -

☐ un couteau
☐ un médicament
☐ un drapeau

Jakadi

VITESSE

7 Voici cinq « bavards ». Chacun a son initiale :
- l'**i**nstitutrice : .... **i** ;
- le **m**arin : .... **m** ;
- l'**a**griculteur : .... **a** ;
- le **c**onducteur de poids lourd : .... **c** ;
- le **j**ournaliste « Monsieur Météo » : .... **j**.

Pour chaque situation, cherche qui parle. Note l'initiale de celui qui parle dans la case. Attention, dans une même situation, certains bavards parlent plusieurs fois, d'autres sont muets !

SITUATION 1 : De gros nuages s'accumulent dans le ciel. Après plusieurs jours de sécheresse, l'orage va bientôt éclater.

Qui a dit ?

1 ☐ « De la pluie, enfin ! Il était temps, l'herbe est toute jaune dans les prés. »

2 ☐ « Oh ! de la pluie ! Juste le jour où nous avions prévu une course d'orientation avec la classe de CM1, quel dommage ! »

3 ☐ « Temps orageux sur la majeure partie de la France demain. »

4 ☐ « De la pluie, d'accord, mais surtout pas de grêle, ce serait une catastrophe pour mes champs de blé ! »

5 ☐ « À vos pinceaux, vite ! C'est un temps idéal pour illustrer le poème *Jour d'orage* que vos correspondants vous ont envoyé ! »

SITUATION 2 : Il fait beau, pas un nuage dans le ciel, le soleil brille.

Qui a dit ?

1 ☐ « Avec un temps pareil, ce serait dommage d'aller s'enfermer dans un gymnase. Et si l'on faisait sport dehors ? »

2 ☐ « C'est bien plus agréable de travailler dehors par un temps pareil ! Labourer sous la pluie, ça n'est vraiment pas marrant ! »

3 ☐ « C'est bien plus agréable de rouler par un temps pareil ! La visibilité est bonne et la route n'est pas glissante, alors que quand il pleut... »

4 ☐ « L'anticyclone est toujours là. Grand beau temps donc sur tout le pays avec des températures ne descendant pas au-dessous de 15 °. »

5 ☐ « Grand beau temps aujourd'hui pour les départs en vacances. Nous retrouvons Jean-Pierre Ponce à Rosny-sous-Bois pour faire le point... »

8 Même consigne que précédemment.

Rappel des initiales :

– l'**i**nstitutrice : .... **i** ;
– le **m**arin : .... **m** ;
– l'**a**griculteur : .... **a** ;
– le **c**onducteur de poids lourd : .... **c** ;
– le **j**ournaliste « Monsieur Météo » : .... **j**.

SITUATION 1 : La neige tombe, il fait très froid.

Qui a dit ?

1 ☐ « J'ai bien failli tomber à l'eau ce matin : le pont était une vraie patinoire avec toute cette neige et je ne me suis pas méfié en montant à bord. »

2 ☐ « Le plein de carburant spécial froid, s'il vous plaît. Vous pouvez me vérifier la pression des pneus ? »

3 ☐ « Prudence sur les routes ! La neige est tombée à gros flocons toute la nuit, provoquant un carambolage monstre sur l'autoroute A6, à hauteur de Mâcon-Sud. »

4 ☐ « D'accord pour une bataille de boules de neige pendant la récréation, mais ne tassez pas trop la neige, vous risquez de vous faire mal. »

5 ☐ « Cette fois, la neige est vraiment là. On voit nettement sur l'image satellite les masses nuageuses qui couvrent tout le pays. »

SITUATION 2 : Le vent souffle en tempête.

Qui a dit ?

1 ☐ « Trop dangereux de sortir par un temps pareil. Je préfère rester sagement au port et attendre que la tempête se calme. »

2 ☐ « C'est le moment rêvé pour aller essayer les cerfs-volants que vous avez réalisés en travail manuel. »

3 ☐ « Pourvu que le toit de mon hangar tienne le coup ! Celui de mon voisin a été arraché par une tempête l'automne dernier et toute sa paille a été mouillée. »

4 ☐ « Si la tempête continue comme ça, je ne vais pas pouvoir sortir en mer de toute la semaine. »

5 ☐ « Le vent qui souffle en rafales à plus de 120 km/heure est à l'origine des catastrophes signalées sur toute la côte ouest du pays. La situation devrait se rétablir demain en cours de matinée. »

COMPRÉHENSION

Tout ce qui brille n'est pas d'or

Parfois, un mot qui désigne une chose bien réelle est employé dans un sens tout à fait différent. Par exemple, si je dis : « *Sophie était si émue qu'elle avait les joues en feu !* », cela ne signifie pas que les joues de Sophie sont en train de brûler, mais simplement qu'elles sont toutes rouges. On dit alors qu'on a employé le mot « *feu* » dans un sens figuré.

9 **Coche les phrases dans lesquelles le mot souligné est employé au sens figuré.**
Trouve parmi les trois phrases encadrées celle qui continue la phrase que tu as cochée.

A. Prête-moi ta scie, que je coupe ce morceau de bois... ☐ **a)**
Arrête de bouder et de faire ta tête de bois... ☐ **b)**

... il est trop gros pour entrer dans la cheminée. ☐ **1**
... tu agaces tout le monde avec ton mauvais caractère. ☐ **2**
... ensuite je fabriquerai le corps de la marionnette. ☐ **3**

B. Ma grand-mère a une splendide bague en or... ☐ **a)**
Cette chanteuse a vraiment une voix d'or... ☐ **b)**

... et ses spectacles ont toujours beaucoup de succès. ☐ **1**
... que mon grand-père lui a offerte il y a longtemps. ☐ **2**
... parce qu'elle a une angine. ☐ **3**

C. Le policier maintenait le voleur d'une main de fer... ☐ **a)**
Cette vieille fourchette de fer est toute rouillée... ☐ **b)**

... prends plutôt la cuillère. ☐ **1**
... et d'une jambe de bois. ☐ **2**
... pendant que son collègue lui passait les menottes. ☐ **3**

D. Il faut vraiment avoir un cœur de pierre pour ne pas pleurer en voyant ce film... ☐ **a)**
Il est grand temps de réparer le mur de pierre qui entoure le jardin... ☐ **b)**

... il tombe en ruine. ☐ **1**
... sur les malheurs d'un enfant pendant la guerre. ☐ **2**
... sur la culture de la pomme de terre. ☐ **3**

10 Coche les phrases dans lesquelles le mot souligné est employé au sens figuré.

Trouve parmi les trois phrases encadrées celle qui continue la phrase que tu as cochée.

A. Le renard a encore tué une poule et deux canards... ☐ **a)**
Mais tu as la chair de poule... ☐ **b)**

... enfile vite ce pull !	☐ **1**
... répare vite le grillage !	☐ **2**
... moi je préfère la cuisse.	☐ **3**

B. À l'heure de sortie des bureaux, des flots de personnes envahissent le métro... ☐ **a)**
À l'heure de la marée montante, les flots envahissent le port... ☐ **b)**

... et les gens se pressent pour monter dans les rames.	☐ **1**
... et les pêcheurs prennent leurs rames pour les réparer.	☐ **2**
... et, peu à peu, les bateaux se mettent à flotter.	☐ **3**

C. Qu'est-ce qui est le plus lourd, un kilo de plume ou un kilo de plomb ?... ☐ **a)**
Cet étourdi n'a vraiment pas de plomb dans la cervelle... ☐ **b)**

... C'est le même poids, mais pas le même volume !	☐ **1**
... À chaque orage, c'est pareil, les plombs sautent !	☐ **2**
... après chaque leçon, il oublie tout !	☐ **3**

D. Lorsqu'il n'est pas content, son regard me glace... ☐ **a)**
Lorsqu'il fait bien froid, il se lance sur la glace... ☐ **b)**

... fait des acrobaties, saute, glisse... Arthur est champion question patinage artistique !	☐ **1**
... il est vrai qu'Arthur a un caractère terrible !	☐ **2**
... il n'a pas froid aux yeux, mais il est très gentil !	☐ **3**

E. Il avait noué un cordon bleu à sa blouse... ☐ **a)**
Il avait déclaré : « C'est un véritable cordon bleu... ☐ **b)**

... il n'y a pas de meilleur cuisinier que lui dans toute la région, quel plaisir de manger chez lui ! »	☐ **1**
... pour remplacer la couleur qui lui manquait !	☐ **2**
... pour faire croire que la pluie était arrivée.	☐ **3**

Clara

VITESSE MÉMOIRE COMPRÉHENSION

11 **Lis ce texte en remplaçant chaque mot souligné par l'un des deux mots placés dans la marge. Entoure le mot juste. Va le plus vite possible.**

	Clara était une petite fille qui lisait, lisait, lisait...	
allongée	Elle lisait couchée sur le ventre, assise, <u>couchée</u> sur le dos, debout...	endormie
selon	– Elle lisait à en perdre la tête, <u>disaient</u> certains...	depuis
carnets	À chaque occasion, en procession, toute la famille lui offrait des <u>livres</u>.	ouvrages
là	Sa grand-mère, qui aimait la morale, choisissait des histoires <u>où</u> tous les enfants étaient des modèles de sagesse.	dans lesquelles
mammifères	La tante Irma, qui était sentimentale, des histoires de petites fleurs et de petits <u>oiseaux</u>.	volatiles
	L'oncle Jacques, qui était vétérinaire, des histoires d'animaux.	
de nombreuses	La cousine José, qui avait fait <u>plusieurs</u> fois le tour du monde, des histoires d'aventures.	pleurer
le sujet	L'oncle Maurice, qui n'avait pas beaucoup d'idées sur <u>la question</u>, des histoires de lapins roses.	la réponse
boudeur	Grand-père, qui était resté <u>farceur</u>, des histoires farfelues.	blagueur
chagrin	Clara recevait tous ces livres avec un sourire poli, mais s'empressait de les ranger au fond d'un placard, avec <u>dédain</u>, sans même y jeter un regard, car...	mépris
loup	... elle n'aimait que les histoires choisies par l'oncle Albert, « ce vieux <u>fou</u> », disait Papa.	dingue
peur	Or, ces histoires ne parlaient que de monstres horribles, terribles, irascibles et sans <u>pitié</u> !	cœur
déboires	Oui, Clara se délectait, s'enchantait, se régalait de ce genre <u>de récits</u>. Ils la faisaient délicieusement frissonner de peur !	d'histoires

son crâne	Elle n'aimait rien tant que de sentir ses cheveux se dresser sur sa tête... ses dents claquer, ses oreilles bourdonner et ses genoux s'entrechoquer...	sa chevelure
dévorer	...et à force de lire des histoires de monstres, elle finit par s'en inventer un,	dire
à bout	...poilu, griffu, dentu, enfin... horrible, terrible, irascible et sans pitié... et comme	bref
le nomma	c'était un monstre bien à elle, elle l'appela Archnouff !	l'épela
	Quand elle s'ennuyait à l'école, elle imaginait Archnouff faisant ceci ou cela.	
assurait	Quand elle avait de grands secrets, c'est à Archnouff qu'elle les confiait.	révélait
	Et un soir qu'elle était toute seule dans sa chambre et qu'elle pensait à lui, fort, très fort...	
se tenait	...la porte s'ouvrit : Archnouff était sur le seuil ! Bonsoir ! dit-il le plus simplement du monde... et il entra.	se prenait
	– Bonsoir, murmura Clara en reculant d'un pas.	
donnant	– Bonsoir, répéta Archnouff en lui tendant sa patte poilue et griffue.	tirant
main	Clara, en tremblant, y posa sa menotte, croyant déjà la voir broyée.	patte
enchantée	Mais non, c'était doux et chaud et elle en fut un peu déçue.	chagrinée
	– S'il te plaît, demanda le monstre, puis-je avoir un verre de grenadine ?	
bu	Quand il eut avalé le douzième verre, Clara demanda :	mangé
distinguions	– De quoi voulez-vous que nous parlions ?	discutions
	– Oh ! s'il te plaît, dit Archnouff, racontemoi une histoire.	
retira	– Mais, c'est que... bredouilla Clara, je ne connais que des histoires de mons... enfin... de gens comme vous et je crains que cela ne vous amuse pas beaucoup.	hésita
je ferais	– Non, non, dit Archnouff, je voudrais entendre celles-ci ! Et il désigna l'armoire.	j'aimerais
hésitante	D'une petite voix mal assurée, Clara commença par les histoires de grand-mère, mais Archnouff déclara :	plaisante
amusantes	– Ces histoires-là ne sont pas drôles du tout. Il s'intéressa beaucoup à celles de l'oncle Jacques.	jolies
d'infimes	Il versa d'abondantes larmes aux histoires de tante Irma.	de nombreuses

n'arrêtait	À celles de la cousine José, il ne cessait de répéter :	m'étonnait
	– Passionnant, passionnant !	
fin	Les histoires de lapins roses de l'oncle Maurice lui donnèrent grand appétit...	faim
fichues	Enfin, il rit à en perdre le souffle aux histoires farfelues de grand-père.	bizarres
	– Encore, encore, disait-il entre deux hoquets.	
à tour de rôle	Alors, chacun leur tour, ils en inventèrent et	ensemble
découragé	tous deux pleuraient de rire. À la fin, épuisé, Archnouff dit :	à bout de forces
	– Tu ferais bien de t'essuyer les yeux !	
	Quand Clara remit le mouchoir sous son oreiller, elle était seule dans la chambre :	
était revenu	Archnouff avait disparu.	était parti
	Elle eut beau regarder partout, appeler... Archnouff n'était vraiment plus là. À sa	
l'avait plu	place il ne restait qu'une pile de livres.	n'y avait plus
	Alors Clara, après avoir réfléchi pendant des	
récompensa	heures, des jours et des semaines, comprit que les monstres poilus, griffus, dentus, enfin... horribles, terribles, irascibles et	réalisa
pauvres	sans pitié, n'existent que dans les livres et	impitoyables
laid	dans la tête des gens qui aiment trop s'en inventer... et elle décida de relire un à un tous les livres qui lui avaient permis de	les
instants	passer de si bons moments avec l'ami Archnouff.	un stand

Monique Bermond, *Les Affreux Jojos* dans
Jacqueline et Claude Held, *18 histoires succulentes*, Magnard, 1985.

♠ **12** **Relis attentivement le texte de la ligne 9 à la ligne 34 en faisant bien attention aux noms propres.**
Puis, sans revenir au texte, entoure les noms des personnages que tu y as rencontrés.

- Claire
- Clara
- la tante Archnouff
- Papa
- l'oncle Maurice
- l'oncle Jules
- le grand-père
- la cousine José
- l'oncle Albert
- la tante Irma
- l'oncle Jacques
- l'oncle Irma
- l'oncle Alibert
- l'oncle Raymond
- la grand-mère

♥ **13** **Lis ces trois résumés. Coche celui qui correspond exactement à l'histoire de Clara. Dans les deux autres, barre ce qui ne va pas.**

1

☐ Clara était une petite fille passionnée de lecture. À chaque occasion, on lui

offrait des livres. Elle lisait tout ce qu'on lui offrait, mais préférait par-dessus tout les histoires de monstres de l'oncle Albert.
À force de lire des histoires de monstres, elle finit par devenir une petite fille monstrueuse et termina sa vie dans un zoo.

2

☐ Clara était une petite fille passionnée de lecture. À chaque occasion, on lui offrait des livres. Elle ne lisait pas tout ce qu'on lui offrait, car elle préférait par-dessus tout les histoires de monstres de l'oncle Albert.
À force de lire des histoires de monstres, elle en inventa un qui lui rendit visite un jour. Le monstre finit par lui faire prendre goût aux livres que toute sa famille lui offrait.

3

☐ Clara était une petite fille passionnée de lecture. À chaque occasion, on lui offrait des livres. Elle ne lisait pas tout ce qu'on lui offrait, car elle préférait par-dessus tout les histoires de monstres de l'oncle Albert.
À force de lire des histoires de monstres, elle en inventa un qui lui rendit visite un jour. Le monstre essaya de lui faire prendre goût aux livres que toute sa famille lui offrait, mais comme Clara ne voulait rien entendre, il la fit disparaître dans une histoire... de monstres !

5 Bilan

VITESSE — Les mots qui changent d'habit...

1 **Entoure dans la liste le mot qui est écrit en rouge. Va le plus vite possible. Attention, ce mot est toujours donné sous une forme différente (singulier-pluriel, masculin-féminin, mot conjugué, etc.).**

1 être	étroit - je sais - j'essuie - étriqué - je suis - éther - j'essaye - naître - hêtre -
2 un cheval	des chevilles - des chevalets - des chevaux - des chevets - des cheveux - un chenal -
3 l'œil	les aulx - les eaux - les duels - les dieux - les deux - les œufs - les yeux - les bœufs -
4 aller	nous valons - nous avons - nous avalons - nous allons - nous calons - nous bavons -
5 un canal	des canots - des caveaux - des carreaux - des canards - des cadeaux - des canaux -
6 teindre	nous tenons - nous retenons - nous tirons - nous teignons - nous atteignons - nous étirons -
7 des vaisseaux	un vassal - un éventail - un bateau - un vaisseau - un vélo - un bocal -
8 je pris	pencher - priser - pouvoir - rire - prendre - prier - payer - ployer -

2 Retrouve et entoure dans la liste le mot qui est écrit en rouge. Va le plus vite possible.
Attention, ce mot est toujours donné sous une forme différente (singulier-pluriel, masculin-féminin, mot conjugué, etc.).

1 le ciel	le sel - le cil - les cieux - la cire - un sire - scier - les yeux - l'essieu -
2 fausse	fort - forte - fou - fosse - défaut - faux - foie - folle - frotte - faute -
3 douce	douche - poux - doute - doux - dru - deux - loup - houx - caillou - sous -
4 mou	mort - mouche - morve - molle - moche - dru - rude - dur - pur - lune - prune -
5 belle	bêle - bol - botte - bord - borgne - bouge - beau - beaume - borne - biner -
6 vieille	vielle - veau - vache - pelle - pieux - vœux - ville - vieux - nœuds - lieux -
7 roux	roule - rouge - route - tousse - pousse - mousse - rousse - roue - houe - rougeur -
8 nous pûmes	pousser - tousser - ployer - puer - payer - pouvoir - parler - punir - pétrir - plumer -

COMPRÉHENSION

Les mots en balance (II)

3 **Deux mots sont liés à gauche. Trouve la même liaison à droite en cochant la case qui convient.**

1 mouton et laine — poule et ☐ coq ☐ plume

2 chasseur et gibier — pêcheur et ☐ rivière ☐ poisson

3 pluie et imperméable — soleil et ☐ chapeau ☐ lune

4 riz et casserole — café et ☐ sucre ☐ tasse

5 livres et cahiers — cuillers et ☐ repas ☐ fourchettes

4 **Même consigne que précédemment.**

1 garçon et fille — ville et ☐ campagne ☐ habitant

2 bottes et caoutchouc — portes et ☐ bois ☐ fenêtres

3 riz et sauce tomate — café et ☐ tasse ☐ sucre

4 buvette et boire — restaurant et ☐ manger ☐ garçon de café

Le juste dessin

VITESSE

5 **Coche le dessin (ou la série de dessins) qui correspond exactement à la légende.**

LE SAUT DU SOT !

1 Saute de cerceau en cerceau en lançant les bras en l'air.

ATTENTION DANGER !

2 Il faut verser l'acide sulfurique dans l'eau et jamais l'eau dans l'acide sulfurique pour éviter les éclaboussures.

ENCORE UN PETIT EFFORT...

3 Allongé sur le sol, les bras le long du corps, relever les jambes, sans plier les genoux.

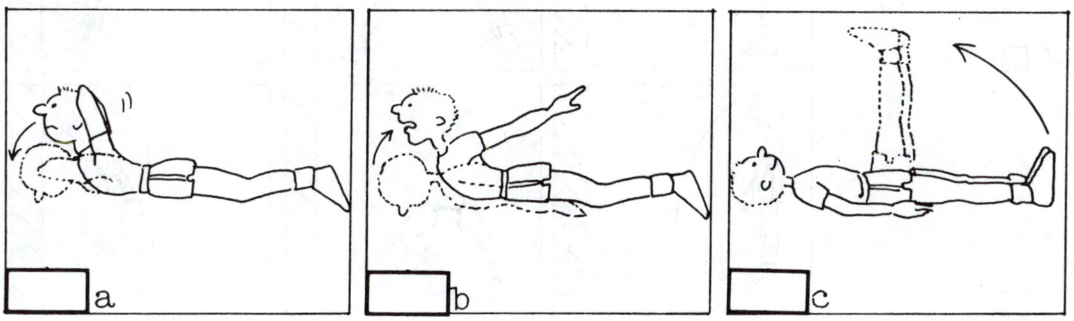

LE DOS AU MUR...

4 Assis dos au mur, lever les jambes vers le visage sans les plier, puis les reposer au sol. Recommencer le mouvement plusieurs fois.

a) ☐

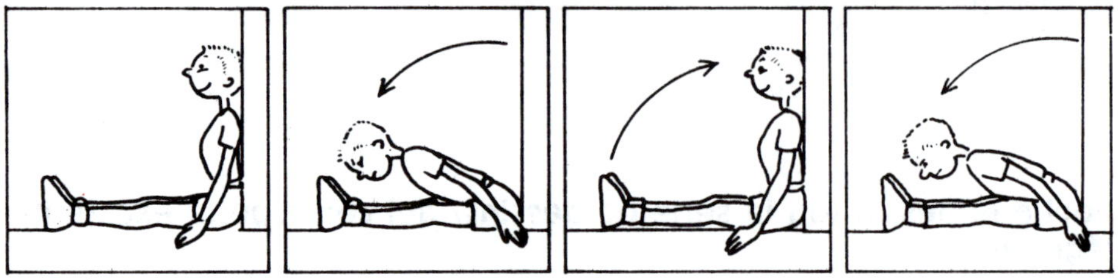

b) ☐

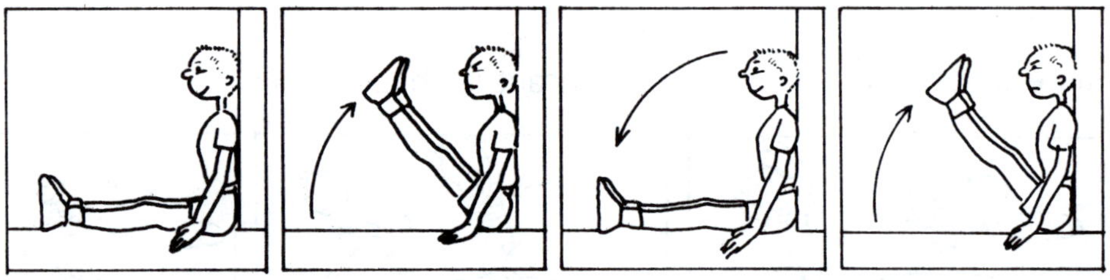

c) ☐

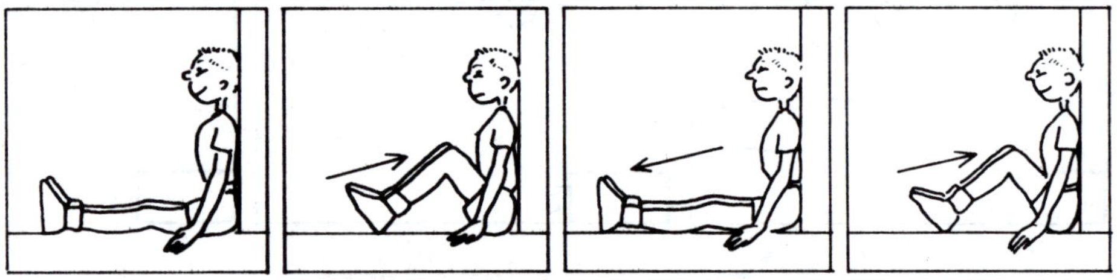

LES PIEDS AU MUR...

5 Se mettre face au mur, poser les mains par terre à environ 30 cm du mur. Lever les jambes en arrière pour venir prendre appui contre le mur.

a) ☐

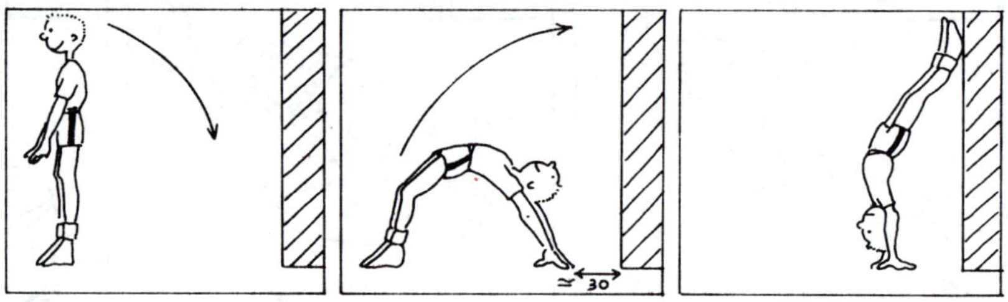

b) ☐

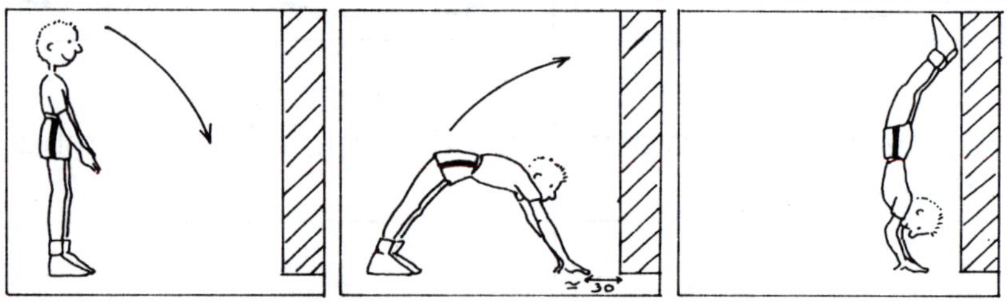

c) ☐

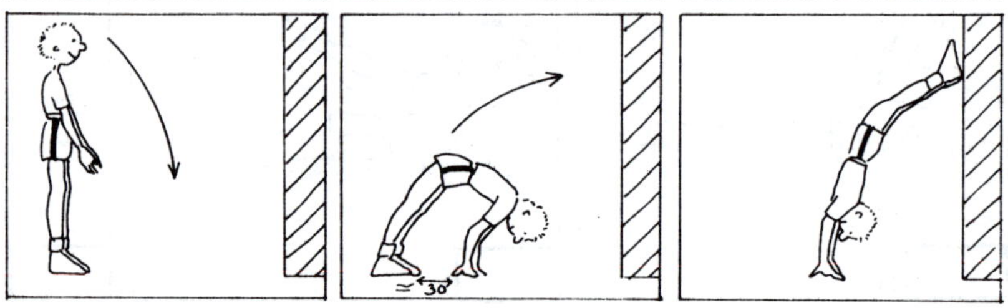

COMPREHENSION

La juste légende

6 Coche la légende qui correspond exactement à l'illustration.

1 DRÔLE DE BOBINE...

a) ☐ À l'aide du crochet, fais passer l'élastique dans le trou de la bobine.
b) ☐ À l'aide du crochet, sors l'élastique de la bobine.
c) ☐ À l'aide du crochet, entoure l'élastique autour de la bobine.

2 LA POUDRE D'S. KAMPÈTE...

a) ☐ Verser la poudre dans un demi-verre d'eau puis remuer.
b) ☐ Verser la poudre dans un grand verre d'eau puis remuer.
c) ☐ Verser la poudre dans un demi-verre d'eau en remuant.

3 FAIRE SON TROU...

a) ☐ Faire un trou dans un angle, en haut du pot de yaourt.
b) ☐ Faire un trou dans le fond du pot de yaourt.
c) ☐ Faire un trou dans un angle, en bas du pot de yaourt.

4 PASSER LE FER À REPASSER...

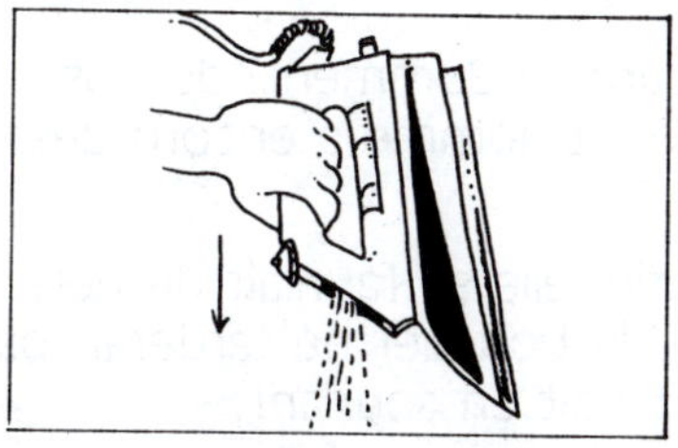

a) ☐ Pour vider le fer laissez s'écouler l'eau.
b) ☐ Pour vider le fer, placez-le la tête en bas, et laissez s'écouler l'eau.
c) ☐ Pour remplir le fer, placez-le la tête en bas, et laissez s'écouler l'eau.

5 AVOIR LE DOS AU MUR...

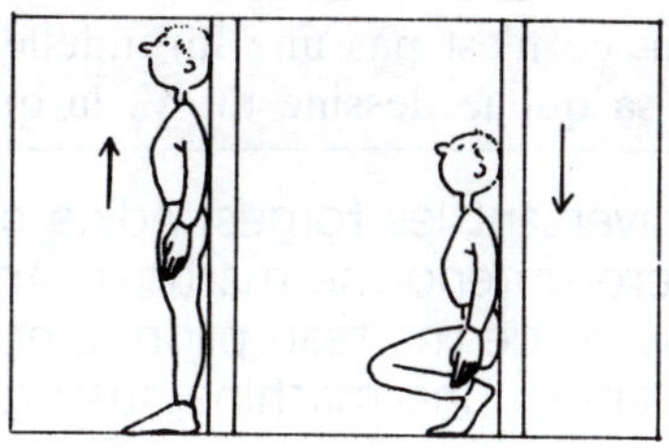

a) ☐ Debout face au mur, s'accroupir sans que le dos décolle du mur.
b) ☐ Debout dos au mur, s'accroupir sans que les talons se décollent du sol.
c) ☐ Debout dos au mur, s'accroupir sans que le dos décolle du mur.

Une lettre qui a bon caractère

COMPRÉHENSION

7 Arthur a relevé des phrases dans lesquelles il y avait le même mot. Mais, selon les phrases, le sens du mot peut être différent.
Coche les phrases où le mot répété a le même sens que dans la phrase encadrée. Attention, il peut y en avoir plusieurs.

CARACTÈRE

Une inscription en caractères arabes qui ornait le dessus de la porte disait : « La paix soit avec toi. »

a) ☐ Avant de l'employer, le patron lui dit : « Je ne vous cache pas le caractère difficile de ce travail. » Mais Arthur ne se démoralisa pas, il aimait affronter les situations complexes.

b) ☐ « J'ai rarement vu quelqu'un qui ait un aussi mauvais caractère ! dit Arthur en souriant. On devrait lui faire boire un élixir de bonne humeur ! »

c) ☐ Les Chinois n'utilisent pas un système d'écriture alphabétique comme le nôtre ; ils dessinent des caractères qu'on appelle « idéogrammes ».

TRANCHER

Pour prendre la fuite, Arthur n'hésita pas une seconde et trancha la corde d'un coup de hache. Le bateau se mit alors à dériver le long du courant. « Pourvu qu'il ne s'échoue pas sur un banc de sable », pensa-t-il.

a) ☐ Attendre des secours ou regagner au plus vite la vallée ? Devant la gravité des blessures de son ami, l'alpiniste eut tôt fait de trancher : il décida de redescendre de suite en portant le blessé sur son dos.

b) ☐ Il fut profondément choqué par ces pratiques barbares. « Comment, de nos jours, peut-on oser trancher la tête d'un condamné ? L'homme a encore des réflexes d'animal préhistorique », songea Arthur.

c) ☐ À chaque fois que sa mère l'emmenait à la boucherie, elle se faufilait derrière le comptoir puis attendait sagement. Elle savait que le boucher ne tarderait pas à trancher une fine lamelle de saucisson qu'il lui offrirait en souriant.

MARTINET

« Non, ce n'est pas une hirondelle, c'est un martinet, dit-elle. Regarde lorsqu'il vole, sa queue dessine un V, la queue de l'hirondelle est bien plus arrondie. »

a) ☐ En traversant les forges, Adine glissa sa main dans celle d'Arthur puis l'entraîna derrière un énorme martinet. Arthur n'en menait pas large, il n'avait encore jamais vu de marteau-pilon. Il ne comprenait pas qu'on ait pu appeler « martinet » une machine aussi gigantesque.

b) ☐ Les cris délirants des martinets qui fendaient l'air se répercutaient à travers toute la place. Il n'y avait pas d'oiseaux plus gais, plus fous. En cherchant à les suivre des yeux, Adine et Arthur finirent par attraper le vertige !

c) ☐ Accroché au mur, à côté de la porte, trônait cet horrible engin de torture qu'est le martinet. Arthur le décrocha en silence, coupa toutes les lanières de cuir et jeta le manche en bois dans le feu. « Il n'est pas prêt de me faire "danser", celui-là ! » dit-il, satisfait.

GRÊLE

En regardant les flamants roses, Arthur s'écria :
– On ne peut avoir de pattes plus fines, plus hautes, plus fragiles…
– Bref, de pattes plus grêles ! coupa Adine en riant.

a) ☐ Si la grêle tombe, la récolte est perdue. En cinq minutes, elle peut dévaster tout ce qu'il y a sur son passage. Il existe bien des canons à grêle, mais leur efficacité n'est pas suffisante et on ne peut pas toujours s'équiper avec un matériel aussi cher pour protéger de maigres récoltes.

b) ☐ Elle ne se laissa pas faire et l'accabla d'une grêle de coups de pieds, d'insultes et de jurons. Lui qui croyait avoir le dessus aisément… On le vit battre en retraite et s'enfuir sans dire un mot.

c) ☐ Elle avait des bras si grêles qu'on avait peur de les casser. Arthur pensa aux pieds des verres en cristal que sa mère sortait pour les jours de fête.

BOMBE

Quand elle vit rentrer son fils, la mère d'Arthur se lamenta :
– Mais, ça n'est pas possible ! Quand rentreras-tu de l'école avec des habits propres ? Tu as vu dans quel état tu es ?
En mentant juste un petit peu, Arthur répondit :
– Ça n'est pas ma faute, maman ! C'est les grands, ils nous ont attaqués avec des bombes à eau ! Alors…

a) ☐ Le héros déposa la bombe sous le pont et tout le monde recula. Il alluma la mèche et s'enfuit à toutes jambes pour se cacher derrière le mur. Le pont vola en éclats, le mot « fin » s'inscrivit alors sur l'écran et l'on entendit une musique triomphale s'élever dans toute la salle. « Pour un film d'aventures, ça c'est un film d'aventures ! », admit Arthur qui adorait le cinéma d'action.

b) ☐ « Elle a fière allure ! » dit Arthur en regardant Adine s'éloigner doucement sur son cheval. La jeune cavalière portait des bottes de cuir noir reluisantes, une casaque colorée rouge et jaune et une bombe de velours noir bien enfoncée sur la tête.

c) ☐ Lorsqu'il déposa la bombe glacée sur la table, jaillirent de tous côtés des « Ah ! », des « Oh ! », des « Super ! » et autres exclamations de bonheur et d'admiration. « Pour un goûter d'anniversaire, ça c'est un goûter d'anniversaire ! », admit Arthur qui adorait la glace.

COMPRÉHENSION

Le jeu de foot... chez les Indiens !

8 Tu as déjà vu des matchs de foot. Tu y joues peut-être toi-même. Mais sais-tu comment on jouait au ballon chez **les Aztèques*** il y a quelques centaines d'années ?

LE TLACHTLI OU JEU DE BALLON AZTÈQUE

Le terrain :
Pour jouer au tlachtli, ou jeu de ballon aztèque, il fallait un grand rectangle de 36 m de long et de 14 m de large partagé en deux camps.
Le terrain était entouré d'une haute barrière. Un anneau, semblable à un panier de basket, était fixé verticalement dans la barrière, à 2 ou 3 m de haut. Il était placé au-dessus de la ligne de séparation des deux camps.

Les joueurs :
Pour jouer au tlachtli, il fallait deux équipes de 10 joueurs chacune. Ils étaient tous vêtus de costumes très colorés.

La balle :
On jouait avec une balle en caoutchouc très dur qui pesait 2 kg environ.
Remarque : Un ballon de foot aujourd'hui pèse moins de 500 grammes.

Les règles du jeu :
Chaque camp devait renvoyer la balle dans le camp ennemi sans qu'elle touche terre. Les joueurs ne pouvaient lancer la balle qu'avec les hanches, le dos, les coudes et les genoux. On ne devait se servir ni des mains, ni des pieds, ni de la tête. On ne pouvait pas, non plus, aller dans le camp ennemi. Si on ne pouvait pas renvoyer la balle dans le camp adverse, les ennemis marquaient 1 point. Si on réussissait à faire passer la balle dans l'anneau de la barrière, on marquait 5 points. L'équipe qui, la première, marquait 25 points avait gagné.
Le tlachtli était un jeu très dur et même très dangereux. Les joueurs se protégeaient avec de petits coussins aux coudes et aux genoux. Malgré cela beaucoup étaient blessés ou même tués par la lourde balle.

Les vainqueurs étaient applaudis et recevaient des cadeaux : des bijoux et des capes de plumes.
Les vaincus étaient parfois égorgés en l'honneur du dieu des jeux appelé Xoloth.
Il existe encore un très vieux terrain de tlachtli dans une ville d'Amérique centrale appelée Copán.

* Les Aztèques vivaient encore au XVe siècle, au Mexique. Ils ont utilisé le caoutchouc bien avant nous.

Pour répondre aux questions suivantes, tu as le droit de relire le texte.

1 Au jeu de tlachtli, il y a deux manières de marquer des points. vrai ☐ faux ☐

2 Au jeu de tlachtli, chaque joueur reste dans son camp. vrai ☐ faux ☐

3 Coche la phrase qui est vraie :
Un ballon de foot est un peu plus léger qu'une balle de tlachtli. ☐ a
Une balle de tlachtli est beaucoup plus lourde qu'un ballon de foot. ☐ b
Une balle de tlachtli est semblable à un ballon de foot. ☐ c

4 D'après le texte, au jeu de tlachtli on risquait la mort...
en lançant la balle dans l'anneau. ☐ a
en étant touché par la balle. ☐ b
en donnant un coup de pied dans la balle. ☐ c
en perdant la partie. ☐ d
en lançant la balle dans le camp ennemi. ☐ e
en gagnant la partie. ☐ f

LE JEU DE BALLON CHEZ LES INDIENS TARAHUMARAS

Chez les Indiens Tarahumaras, qui vivent au nord du Mexique, on joue au ballon pieds nus avec une boule de bois de 8 cm de diamètre.
Pour terrain de jeu, on prend un chemin de plusieurs kilomètres de long (30 km et parfois même 60 km).
On pousse la boule du pied en courant le plus vite possible. Celui qui arrive le premier a gagné.

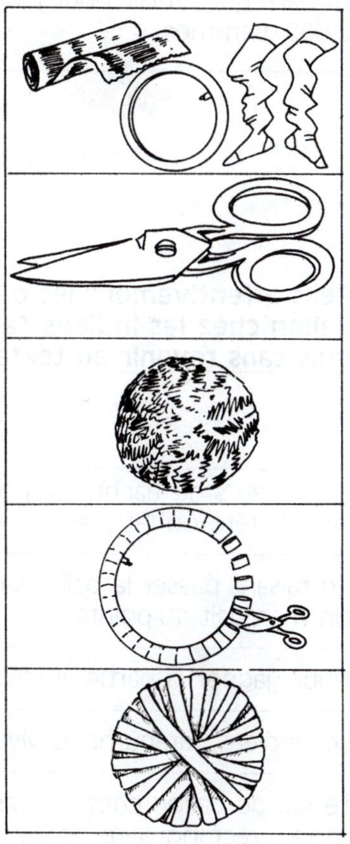

Fabrique une balle pour jouer au ballon comme les Indiens.

Le matériel : un rouleau de papier aluminium ou des vieux bas, une vieille chambre à air de vélo.

L'outillage : des ciseaux.

La fabrication :
- Avec le papier aluminium (ou les vieux bas), **fabrique** une boule bien serrée de 6,5 cm de diamètre.
- **Découpe** dans la chambre à air des anneaux de 1 cm de large.
- **Entoure** la boule d'aluminium (ou des vieux bas) avec une multitude d'anneaux de caoutchouc. Le papier aluminium ou les vieux bas doivent être totalement recouverts et la boule doit faire environ 8 cm de diamètre.

ATTENTION :
Si tu veux jouer comme les Indiens, choisis un chemin interdit aux autos !
Une distance de 300 m à 500 m est bien suffisante ! et ne cours pas nu-pieds, ce serait trop dangereux !

D'après *Jeux du Monde*, UNICEF - LIED, Genève, 1979.

MÉMOIRE Pour jouer au tlachtli avec les Aztèques…

9 **Relis attentivement les paragraphes « Le terrain », « Les joueurs », « La balle ».**
Puis, sans revenir au texte, coche la bonne réponse.

		VRAI	FAUX
1	Le terrain de tlachtli était un carré de 36 m de côté.		
2	Dans chaque équipe il y avait 10 joueurs.		
3	Les joueurs étaient tous habillés d'un costume sombre.		
4	Pour jouer au tlachtli, il fallait une balle de caoutchouc molle.		
5	La balle qui servait pour jouer au tlachtli pesait environ 2 000 grammes.		

10 **Relis attentivement les paragraphes « Les règles du jeu » et « Le jeu de ballon chez les Indiens Tarahumaras ».**
Puis sans revenir au texte, coche la bonne réponse.

		VRAI	FAUX
1	Les joueurs de tlachtli ne pouvaient pas lancer la balle avec la tête ou les pieds.		
2	En faisant passer la balle dans l'anneau de la barrière, on marquait 10 points.		
3	Pour gagner la partie, il fallait marquer 25 points.		
4	Les Indiens Tarahumaras vivaient dans le sud du Mexique.		
5	Le jeu de ballon chez les Tarahumaras se jouait sur un terrain rectangulaire de 36 m de long et 14 m de large.		

Pour jouer au ballon avec les Indiens Tarahumaras...

MÉMOIRE

11 **Relis attentivement « Fabrique une balle pour jouer au ballon comme les Indiens ». (p. 59)**
<u>Puis sans revenir au texte,</u> coche la bonne réponse.

		VRAI	FAUX
1	Pour fabriquer une balle il faut une vieille chambre à air et un rouleau de papier d'aluminium ou des vieux bas.		
2	Comme outillage, il faut des ciseaux et de la colle.		
3	Les anneaux découpés dans la chambre à air devront avoir environ 6,5 cm de large.		
4	La boule réalisée avec le papier d'aluminium ou les vieux bas doit avoir 6,5 cm de diamètre.		
5	Pour jouer comme les Indiens Tarahumaras, il te faudra choisir une rue ouverte à la circulation et qui aura environ 800 m de long au minimum.		

Plan du jeu de Tlachtli dit « Jeu de pelote »

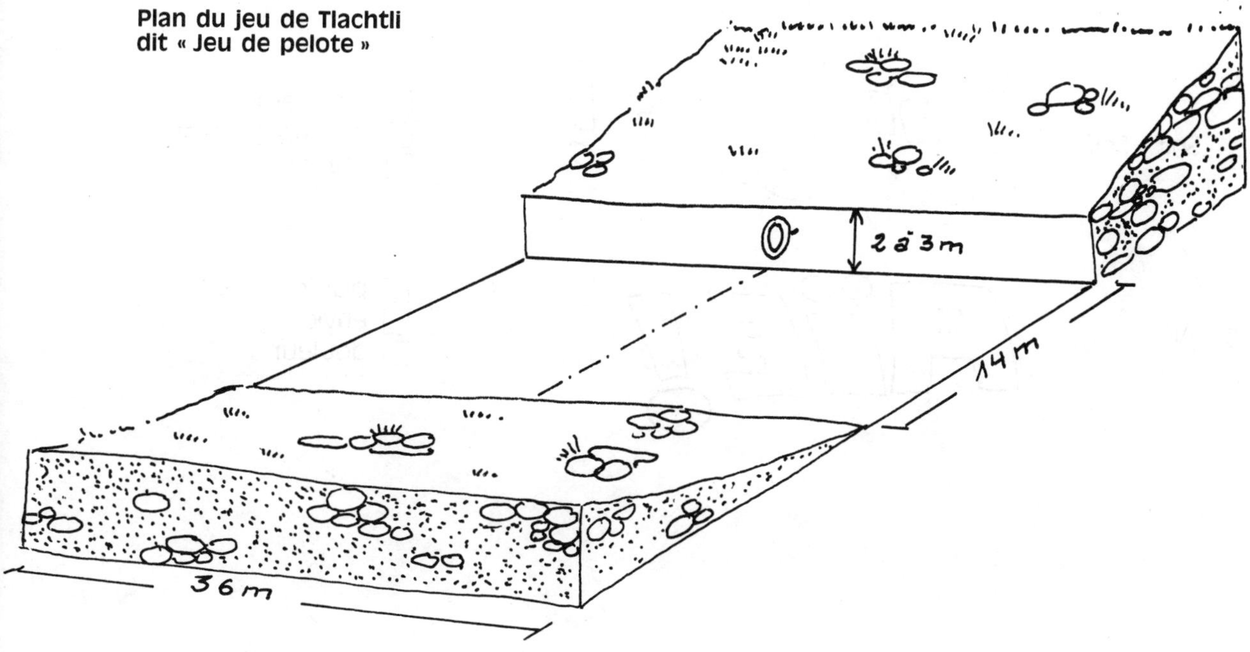

6

Vroooooouuuuuummm...

VITESSE

1 Coche le plus vite possible le mot qui correspond à chaque onomatopée.

1 Vroooouuum...

- ☐ fatigue
- ☐ courage
- ☐ vitesse

2 Ouf !

- ☐ envie
- ☐ soulagement
- ☐ colère

3 Bof !

- ☐ étonnement
- ☐ désintérêt
- ☐ joie

4 Beurk !

- ☐ dégoût
- ☐ doute
- ☐ tristesse

5 Snif ! Snif !

- ☐ étonnement
- ☐ découragement
- ☐ chagrin

6 Aïe !

- ☐ plaisir
- ☐ envie
- ☐ douleur

2 Même consigne que précédemment.

1 Ouïïnnn...

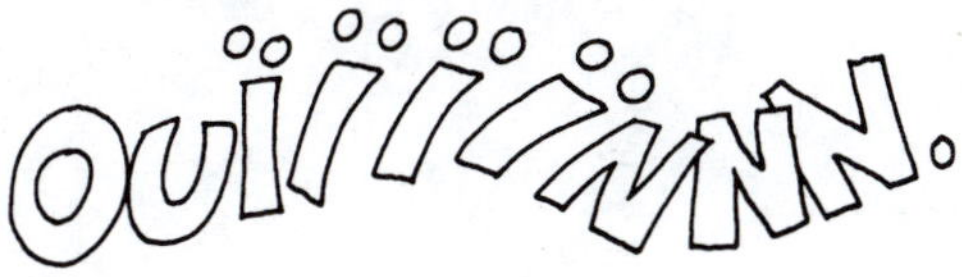

- ☐ rires
- ☐ pleurs
- ☐ soupirs

2 Rrrrrrr...

- ☐ ronflements
- ☐ crissements
- ☐ grincements

3 Slurp !

- ☐ jeter
- ☐ siffler
- ☐ goûter

4 Plouf !

- ☐ courir
- ☐ tousser
- ☐ plonger

5 Miam miam...

- ☐ manger avec dégoût
- ☐ manger avec appétit
- ☐ boire avec plaisir

6 Dong !

- ☐ frapper à la porte
- ☐ frapper du pied
- ☐ frapper sur une cloche

Toc ! Toc ! Aïe !

COMPRÉHENSION

3 **Indique sous chacune de ces onomatopées le numéro de l'image à laquelle elle correspond.**

a) Image n° ______

b) Image n° ______

c) Image n° ______

d) Image n° ______

e) Image n° ______

f) Image n° ______

g) Image n° ______

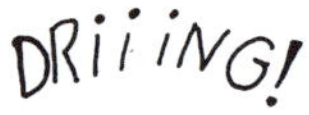

h) Image n° ______

i) Image n° ______

j) Image n° ______

k) Image n° ______

l) Image n° ______

m) Image n° ______

1
2
3
4
5
6
7
8
9
10
11
12
13

COMPRÉHENSION

La légende de l'image perdue

4 Note après chaque phrase le numéro de l'image de la page 65 qui lui correspond.

a) Lorsqu'il lâcha la pierre, on entendit... Image n° ___

b) Et pendant ce temps-là, au milieu de la rivière... Image n° ___

c) Il venait juste de raccrocher quand... Image n° ___

d) Et dire qu'il avait eu tant de mal à attacher la ficelle... Image n° ___

e) À peine fit-il deux pas sur la glace que... Image n° ___

f) Qui s'y frotte, s'y pique ! Image n° ___

g) En voyant ses crocs, Arthur n'insista pas. Image n° ___

h) Alors qu'elle finissait sa lettre on entendit... Image n° ___

i) Riquet-à-la-Houppe en profita pour lui envoyer son gauche en pleine figure. Image n° ___

j) Il se retourna brusquement, inutile de fuir désormais... Image n° ___

k) Elles étaient prêtes à attaquer... Image n° ___

l) Quel rhume ! Image n° ___

m) Vite ! un biberon ! Image n° ___

Le juste son

VITESSE

5 **Coche, le plus vite possible, la phrase ou les mots qui correspondent à chaque onomatopée.**

1 Roarr !
- a ☐ C'est un chat qui miaule.
- b ☐ C'est un cheval qui hennit.
- c ☐ C'est un lion qui rugit.

2 Kof ! Kof ! Kof !
- a ☐ C'est mon oncle qui chante.
- b ☐ C'est mon oncle qui tousse.
- c ☐ C'est mon oncle qui ronfle.

3 Cataclop ! Cataclop ! J'entends un
- a ☐ camion qui freine.
- b ☐ vélo qui s'approche.
- c ☐ cheval qui galope.

4 À chaque fois qu'il sautait
- a ☐ une marche de l'escalier
- b ☐ par-dessus les obstacles
- c ☐ sur les ressorts du matelas

on entendait un « zboïng ! » qui nous surprenait.

5 Flap ! Flap ! Flap ! lentement,
- a ☐ le chat s'endormit.
- b ☐ le chien s'éloigna.
- c ☐ l'oiseau s'envola.

6 « Hiiiiiiii... »
- a ☐ fit-il en apercevant la souris qui traversait la cuisine.
- b ☐ fit-il en ouvrant la porte du four pour mettre un gâteau.
- c ☐ fit-il en refermant la fenêtre à cause du froid.

6 **Même consigne que précédemment.**

1 « Atchaaa... » « Encore ! À chaque fois qu'il est
- a ☐ en colère,
- b ☐ content,
- c ☐ enrhumé,

c'est la même chose ; il pourrait être plus discret », remarqua Agnès.

2 Il entendit : « Toc ! toc ! toc ! » ; quelqu'un
- a ☐ frappait sur l'enclume :
- b ☐ frappait à la porte ;
- c ☐ se frappait la tête ;

ouvrit et... « Splatch ! », reçut
- a ☐ un paquet recommandé de sa tante.
- b ☐ une tarte à la crème en pleine figure.
- c ☐ une invitation à déjeuner.

3 « Ha ! ha ! ha ! », son ami Florent n'en pouvait plus
- a ☐ de pleurer.
- b ☐ de rire.
- c ☐ de chanter.

Arthur n'apprécia pas la plaisanterie et « Paf ! », lui donna
- a ☐ une bonne claque.
- b ☐ une poignée de main.
- c ☐ une tasse de café.

---

4 « Ouinnn... Ouinnn... », Florent se mit à
- a ☐ courir.
- b ☐ danser.
- c ☐ pleurer.

« Si on ne peut plus plaisanter, maintenant ! Snif, snif, snif... » dit Florent en
- a ☐ souriant.
- b ☐ reniflant.
- c ☐ éternuant.

COMPRÉHENSION

Le monstre

7 **Trace une barre dans la ligne, à l'endroit où peut se placer le mot donné en marge. Attention, il peut y avoir plusieurs solutions.**
Le premier est donné en exemple.

Le monstre avait trois yeux, des pieds énormes, une queue velue et de bien vilaines cornes. Il venait de se réveiller d'un très long sommeil, une méchante sorcière l'ayant endormi pendant des siècles parce qu'un jour il avait essayé de manger un de ses enfants. On n'a pas idée ! Lui faire un coup pareil ! Mais il y avait tellement longtemps de cela que la sorcière avait fini par mourir. Du coup, le sort magique s'arrêta et le monstre se retrouva dans un monde qu'il ne reconnaissait pas. Pensez donc, des routes au lieu de champs, des H.L.M. en place de châteaux... comment s'y retrouver ? Le monstre entra dans la cour d'un immeuble, ferma son troisième œil, se rendit invisible, s'assit dans un coin et attendit...

Peu de temps après, un garçon apparut. Il ne regardait pas où il marchait, tout occupé à tapoter / un jeu électronique /. De temps à autre, il gesticulait avec ses épaules comme pour danser sur la musique qu'il écoutait à son baladeur. — rageusement

Le monstre n'avait jamais vu d'enfant habillé ainsi, mais il se dit que soit il s'était réveillé un jour de carnaval, soit la mode avait changé durant toutes ces années. Doucement, il s'approcha derrière le — drôlement garçon, redevint visible et poussa un grognement terrible : **GGRRRAOOOAAAARRRGG !**

Le garçon ne se retourna pas, il n'avait rien entendu à cause de la musique. « Je suis peut-être tombé sur un sourd ? » pensa le monstre, dépité. Il se plaça alors devant lui et fit des grimaces horribles. Le garçon ne leva pas la tête, il fixait toujours son jeu électronique. Il bouscula simplement le monstre en disant : « Pardon Madame ! » Puis, il entra dans son immeuble. Le monstre se retrouva seul, terriblement vexé.

Soudain la porte d'entrée s'ouvrit, poussée par une petite fille déguisée en extra-terrestre. À sa main, un pistolet transparent lançait des étincelles en faisant un drôle de bruit : **PAN ! PAN ! VIZZZ ! VIZZZ !**

Le monstre était surpris qu'on laisse une petite fille porter une armure de chevalier. En espérant que ce ne soit pas une sorcière et son pistolet une baguette magique, il se rendit visible. **GGRRRAOOOAAAARRRGG !** hurla-t-il.

La petite fille s'arrêta et le détailla de la tête aux pieds. Elle n'avait pas l'air effrayée du tout.

– T'es un monstre, toi ?

– Bien sûr que je suis un monstre, répondit-il interloqué.

– Et tu viens de quelle planète ?

– Une planète ? Qu'est-ce que c'est ? s'étonna le monstre.

– Pfffft ! se moqua la petite fille. Tu connais rien, toi ! T'as des rayons laser au moins ?

– Des rayons lazaire ?

– Si tu ne viens pas d'une autre planète et que tu n'as pas de rayons laser, c'est que tu n'es pas un monstre !

– Pas un vrai monstre, moi ? Elle est folle celle-là !

Mais la petite fille était déjà partie.

– Quelle idiote ! Elle n'a pas vu mes pieds, mes griffes, mes dents ? Qu'est-ce qu'elle croit ? Que je suis une grosse vache ?

On ne lui avait jamais dit une chose pareille. Le monstre essaya à nouveau de faire peur à un petit garçon qui rentrait de l'école. Ce dernier ne le regarda même pas et lui dit :

– Demain, j'ai contrôle de français et de géographie et j'ai une punition ! Alors, si tu crois que j'ai le temps !

– Il faut avoir le temps pour avoir peur, maintenant ? s'étonna le monstre. Voilà qui est nouveau !

Le monstre se rendit encore plus horrible et sauta sur un autre petit garçon qui n'eut pas peur.

– D'abord, les monstres, ça n'existe pas ! Arrêtez de faire l'idiot, vous me faites perdre mon temps avec vos bêtises !

Le monstre piqua une colère, cassa tout autour de lui. Puis il se calma, s'assit dans un coin et se sentit très malheureux.

De grosses larmes coulaient de ses trois yeux.

D'après *Mon copain le monstre,* Nicolas Hirsching, Ma première amitié, Hatier, 1987.

absolument
même
violemment
ainsi
net
que ça
vrai
Mais
en plus
du tout
monstrueuse

VITESSE COMPRÉHENSION

Que va-t-il arriver à notre monstre ?

◆ **8** **Choisis maintenant une des trois fins possibles de l'histoire, celle que tu préfères, et reporte-toi à la question 9 page 72.**

1

– Pourquoi tu pleures ?
Le monstre se frotta les yeux et découvrit un petit garçon qui se tenait devant lui.
Il renifla un bon coup et lui demanda :
– Toi non plus, je ne te fais pas peur ?
– Non, répondit le petit garçon. Je ne crois pas !
À ces mots, le monstre redoubla de sanglots.
– Mais pourquoi, pourquoi personne n'a plus peur de moi ?
Le petit garçon le regarda, éclata de rire et lui dit :
– T'as vu ta tête ? Un monstre qui pleure, on n'a jamais vu ça !
Arthur, qui n'était pas très gentil, se moqua du monstre et ajouta :
– De toute façon, les monstres c'est des histoires de nigauds, on voit ça à la télévision ou au cinéma, mais dans la rue ça n'existe pas !
Le monstre poussa un **GGRRRAOOOAAAARRRGG !** de dépit.
Arthur, tout de même peu rassuré, rit nerveusement pour faire croire au monstre qu'il n'avait pas peur et s'éclipsa bien vite. « Même si les monstres ça n'existe pas, on ne sait jamais... » se dit-il.
Pour faire le malin, en rentrant chez lui, il raconta l'histoire à ses parents en riant.
Mais le soir, lorsqu'il se coucha, une vilaine tête se profila derrière la fenêtre en poussant un horrible **GGRRRRAOOOAAAARRRGG !**

2.

– Pourquoi tu pleures ?
Le monstre se frotta les yeux et découvrit un petit garçon qui se tenait devant lui.
Il renifla un bon coup et lui demanda :
– Toi non plus, je ne te fais pas peur ?
– Non, répondit le petit garçon. Je ne crois pas !
À ces mots, le monstre redoubla de sanglots.
– Mais pourquoi, pourquoi personne n'a plus peur de moi ?
Le petit garçon le regarda, comprit très vite son problème et, pour le consoler, se rattrapa :
– Enfin... si... Vous me faites un peu peur quand même !
– Seulement un peu ? dit le monstre en reniflant.
– Non, non ! Beaucoup ! mentit carrément Arthur qui voulait éviter une nouvelle crise de larmes. Vous êtes absolument affreux et vous me faites monstrueusement peur !

– **GGRRRAOOOAAAARRRGG !** Le monstre poussa un énorme rugissement de plaisir.
Depuis, ils sont devenus d'excellents amis. Pour faire plaisir au monstre, Arthur fait souvent semblant d'avoir peur, en échange, le monstre lui apprend des tas de monstrueux secrets qu'il est impossible de décrire ici. Tenez, par exemple : comment voulez-vous décrire la méthode secrète pour devenir invisible, puisqu'elle est monstrueusement invisible ?

3.

– Pourquoi tu pleures ?
Le monstre se frotta les yeux et découvrit un petit garçon qui se tenait devant lui. Il renifla un bon coup et lui demanda :
– Toi non plus, je ne te fais pas peur ?
– Non, répondit le petit garçon. Je ne crois pas !
À ces mots, le monstre redoubla de sanglots.
– Mais pourquoi, pourquoi personne n'a plus peur de moi ?
Le petit garçon le regarda et lui dit :
– On n'a plus peur des monstres aujourd'hui ! Et un monstre qui ne dévore pas les petits enfants, ça n'est pas un vrai monstre ! dit Arthur en haussant les épaules.
– **GGRRRAOOOAAAARRRGG !** fit le monstre en colère.
Puis il sauta sur le marmot et le croqua sans un mot !
– Plus de monstres aujourd'hui ? Plus de monstres aujourd'hui ? Mais pour qui me prenait-il, ce petit prétentieux ? Non mais alors !
Le monstre s'éloigna tranquillement en se léchant les babines...

♥ 9 Voici trois titres. Trouve celui qui convient à ton histoire.

Titre **A** : Mon copain le monstre.
Titre **B** : Un monstre monstrueusement épouvantable.
Titre **C** : Un monstre, ça n'existe pas ?

Si je choisis la fin n° **1**, le titre de l'histoire est le titre ☐.

Si je choisis la fin n° **2**, le titre de l'histoire est le titre ☐.

Si je choisis la fin n° **3**, le titre de l'histoire est le titre ☐.

♥ 10 Voici trois résumés. Trouve celui qui convient à ton histoire.

Résumé A :

Un monstre endormi pendant des siècles par une sorcière se réveille et se retrouve dans une ville moderne. Il ne reconnaît rien. Il essaye de faire peur aux petits enfants, mais ça ne marche pas. Tout triste, il se met à pleurer. Arthur ne croit pas que le monstre soit un vrai monstre et se moque de lui. Le monstre, pas content, le dévore d'un coup de dent !

Résumé B :

Un monstre endormi pendant des siècles par une sorcière se réveille et se retrouve dans une ville moderne. Il ne reconnaît rien. Il essaye de faire peur aux petits enfants, mais ça ne marche pas. Tout triste, il se met à pleurer. Arthur ne croit pas que le monstre soit un vrai monstre et se moque de lui. Mais en fait, Arthur n'est pas très rassuré. Et il a bien raison, car, le soir, le monstre apparaît à sa fenêtre...

Résumé C :

Un monstre endormi pendant des siècles par une sorcière se réveille et se retrouve dans une ville moderne. Il ne reconnaît rien. Il essaye de faire peur aux petits enfants, mais ça ne marche pas. Tout triste, il se met à pleurer. Arthur, plutôt gentil, comprend son malheur et fait croire au monstre qu'il a peur de lui. Depuis, ils sont devenus d'excellents amis.

Si je choisis la fin n° **1**, le résumé de l'histoire est le résumé ☐.

Si je choisis la fin n° **2**, le résumé de l'histoire est le résumé ☐.

Si je choisis la fin n° **3**, le résumé de l'histoire est le résumé ☐.

7

L'ordre des mots

VITESSE

1 Entoure le mot qui convient pour que l'ordre alphabétique soit respecté. Le premier est donné en exemple.

1 ami < (buffet) / drapeau > chameau

2 gare < wagon / quai > train

3 facilite < félicite / frileux > flaque

4 machine < mur / mer > mou

5 bien < blanc / banc > pois

6 marais < mer / mare > marin

2 Entoure les mots qui conviennent pour que l'ordre alphabétique soit respecté.

1 mordre / nuage > nager — rocher < orage / usage

2 base / bru > béret — bouche < blasé / bulletin

3 obéir / orner > océan — odieux < œuf / oblique

4 sûreté / serment > silence — soir < sport / sachet

5 mairie / maigre > maille — main < maison / maillot

L'esprit de l'escalier

COMPRÉHENSION

3 **Coche la case qui correspond au mot qui doit terminer chaque escalier.**

1 glacial – froid – frais – tiède – chaud – ☐ humide ☐ brûlant

2 embryon – bébé – enfant – adolescent – adulte – ☐ femme ☐ vieillard

3 source – ru – ruisseau – rivière – fleuve – ☐ mer ☐ torrent

4 hors-d'œuvre – viande – légumes – fromage – dessert – ☐ café ☐ camembert

4 **Observe bien chaque escalier, puis coche la bonne case.**

1 immense – grand – moyen – petit – ☐ minuscule ☐ large – microscopique

2 guerre de 39-40 – guerre de 14-18 – ☐ premiers pas sur la lune ☐ premier voyage en ballon – Napoléon 1er

3 Louis XIV – Renaissance – Croisades – Gaulois – ☐ invention de l'automobile ☐ invention du feu

4 feuille – rameau – ☐ branche ☐ nervure – tronc – racines

COMPRÉHENSION VITESSE

Vite dit... Vite défini...

5 **Note, le plus rapidement possible, le numéro de la définition qui correspond à chaque mot.**
Attention, à chaque fois il y a une définition en trop.

a) avril — définition n° _____

b) brancard — définition n° _____

c) couloir — définition n° _____

d) farine — définition n° _____

e) lessive — définition n° _____

définition intruse n° _____

1 Poudre que l'on dissout dans l'eau pour laver.
2 Sorte de lit formé d'une toile tendue entre deux longues tiges de bois ou de métal.
3 Poudre fine blanche obtenue à partir de céréales écrasées.
4 Quatrième mois de l'année, qui compte trente jours.
5 Petite mare d'eau qui se forme dans les rues.
6 Passage long et étroit dans une maison ou un lieu public.

---

f) mésange — définition n° _____

g) nœud papillon — définition n° _____

h) papillon — définition n° _____

i) perroquet — définition n° _____

j) refuge — définition n° _____

définition intruse n° _____

7 Endroit, abri où l'on est en sécurité.
8 Insecte à quatre grandes ailes colorées.
9 Étendue d'eau peu profonde, où les canards aiment barboter.
10 Cravate plate dont le nœud rappelle la forme d'un papillon.
11 Oiseau coloré qui aime faire son nid dans les boîtes aux lettres.
12 Oiseau au plumage coloré qui vient des pays chauds et peut imiter toutes sortes de bruits.

6 Même consigne que précédemment.

k) huile — définition n° ______
l) eau — définition n° ______
m) encre — définition n° ______
n) vin — définition n° ______
o) sang — définition n° ______
définition intruse n° ______

13 Liquide alcoolisé obtenu à partir de la fermentation de fruits tels que le raisin.
14 Liquide rouge qui circule dans les veines.
15 Importante étendue d'eau douce à l'intérieur des terres.
16 Liquide incolore sans lequel la vie humaine serait impossible.
17 Peut être liquide ou pâteuse, sert à écrire, imprimer, dessiner.
18 Liquide gras, plus léger que l'eau.

---

p) racines — définition n° ______
q) radeau — définition n° ______
r) reinette — définition n° ______
s) râteau — définition n° ______
t) requin — définition n° ______
définition intruse n° ______

19 Étendue d'eau salée qui couvre les 3/4 de la Terre.
20 Gros poisson de mer très vorace et souvent dangereux.
21 Parties de l'arbre qui s'enfoncent dans la terre.
22 Variété de petite pomme.
23 Bateau plat fait de morceaux de bois rassemblés.
24 Outil de jardinage.

7 Relis les quatre définitions intruses. Coche l'élément qui leur est commun.

☐ la terre. ☐ l'eau. ☐ l'air. ☐ le feu.

8 Parmi les définitions intruses, retrouve celles des quatre mots suivants.

A) étang — définition n° ______
B) lac — définition n° ______
C) mer — définition n° ______
D) flaque — définition n° ______

9 Classe ces quatre étendues d'eau de la plus petite à la plus grande.

1 : ☐ 2 : ☐ 3 : ☐ 4 : ☐

COMPRÉHENSION

L'azalée

10 Coche la bonne définition du mot souligné dans la phrase.

Une magnifique azalée en fleurs ornait la cheminée de la salle à manger.

Azalée :

1 ☐ vent léger soufflant sur la partie orientale de l'Atlantique ;
2 ☐ arbuste cultivé pour ses fleurs ;
3 ☐ araignée aquatique qui tisse dans l'eau une cloche qu'elle remplit d'air.

Les projecteurs s'étaient dirigés vers le haut du chapiteau pour le numéro vertigineux des funambules qui dansaient à plus de quatre mètres du sol.

Funambule :

4 ☐ acrobate qui danse sur une corde raide ;
5 ☐ pièce ou couloir situé à l'entrée d'une maison ;
6 ☐ petit tube de bois au bout duquel on met une cigarette.

Ce ravier est beaucoup trop petit, prends plutôt un saladier pour mettre les carottes râpées !

Ravier :

7 ☐ vallée étroite et profonde ;
8 ☐ gros pigeon sauvage ;
9 ☐ petit plat creux allongé.

Depuis qu'il a changé de classe, Arthur horripile tout le monde, il n'arrête pas de faire des caprices, de réclamer son ancienne maîtresse, de bouder parce qu'il ne voit plus ses anciens copains... un vrai bébé !

Horripiler :

10 ☐ arracher les poils, les cheveux ;
11 ☐ faire très peur ;
12 ☐ agacer, exaspérer.

Regarde, il n'y a pas de salle de bain, le chauffage est à refaire, l'électricité risque de créer un incendie... Non, décidément, c'est un appartement trop vétuste, nous ne pourrons pas l'habiter avant d'avoir fait des travaux.

Vétuste :

13 ☐ se dit de quelque chose qui est vieux et abîmé ;
14 ☐ se dit de quelqu'un qui porte un vêtement ;
15 ☐ se dit de quelque chose qui se voit de loin.

11 Même consigne que précédemment.

Installée sur le pont du navire, la passagère admirait le coucher de soleil. Les couleurs étaient magnifiques, s'étalant du rose au pourpre.

Pourpre :

16 ☐ l'arrière d'un bateau ;
17 ☐ couleur rouge foncé ;
18 ☐ autre nom pour « pieuvre ».

Couchée à plat ventre sur le sable, ma cousine passait des après-midi entiers à observer les oiseaux diurnes qui volaient à portée de ses jumelles.

Diurne :

19 ☐ boîte munie d'une fente où les électeurs déposent leur bulletin de vote ;
20 ☐ qui vit le jour (contraire de nocturne) ;
21 ☐ colline de sable formée par le vent.

Voilà un candidat qui a toutes les chances de se faire élire aux élections, il est passé champion dans l'art d'éluder les questions embarrassantes !

Éluder :

22 ☐ résoudre un mystère ;
23 ☐ nommer quelqu'un à une fonction par le moyen d'un vote, d'une élection ;
24 ☐ éviter adroitement de répondre à une question gênante.

Lorsque Florent a fait sa chute de vélo, sa mère s'est aussitôt précipitée et l'a emmené d'urgence chez le pédiatre pour le faire soigner ; elle a eu drôlement peur, elle croyait qu'il avait une fracture du crâne !

Pédiatre :

25 ☐ petit bateau à flotteurs que l'on fait avancer en pédalant ;
26 ☐ levier que l'on pousse avec les pieds pour faire avancer une bicyclette ;
27 ☐ médecin spécialiste qui soigne les enfants.

12 Parmi les définitions de mots que tu n'as pas cochées dans les exercices 10 et 11, retrouve celles qui correspondent aux mots suivants. Note à côté du mot le numéro de la définition. Tu peux t'aider d'un dictionnaire.

un poulpe : n° ______	une urne : n° ______	un alizé : n° ______
épiler : n° ______	un vestibule : n° ______	élucider : n° ______
une dune : n° ______	un pédalo : n° ______	

VITESSE COMPRÉHENSION RECHERCHE

La sorcière et le commissaire

◆ **13** **Lis cette histoire sans t'occuper des cases dessinées dans le texte.**

Dans la rue de monsieur Pierre habitait une curieuse vieille dame. Personne ne se doutait qu'elle était sorcière, mais...

Voilà qu'un jour un taxi a disparu, un beau taxi tout bleu avec un chauffeur russe. On a cherché partout mais on n'a retrouvé ni l'homme ni la voiture. Mais le lendemain matin tout le monde a vu, ☐ dans le jardin de la sorcière, une belle citrouille toute bleue, et tout près d'elle un gros rat rouge, assis sur son derrière, avec une belle casquette, bien coquette, posée sur sa tête.
Alors il y a des gens qui ont fait des réflexions...

Deux jours après, c'est une couturière qui a disparu : une couturière comme au bon vieux temps, qui travaillait à domicile, reprisant les chaussettes, recousant les boutons, faisant même des robes neuves quand on lui fournissait le tissu. Et voilà qu'elle a disparu !
Cette fois on l'a cherchée pendant toute une semaine. Et puis, la semaine passée, on s'est aperçu que la sorcière avait depuis peu une araignée mauve, ☐.
Le dimanche suivant, la sorcière est allée à la messe avec une belle robe tissée de frais, en toile d'araignée...
Cette fois les gens ont bavardé.

Le mois suivant ce sont trois personnes qui ont disparu : un agent de police, une femme de ménage et un employé du métro. On a fouillé toutes les maisons, visité les caves, inspecté les égouts, et l'on n'a rien trouvé du tout. Mais dans le jardin de la sorcière, il y a trois animaux nouveaux : un chien vert, une chatte jaune et une taupe orange ☐.
Alors les gens de mon quartier se sont mis en colère, ils ont pris la sorcière et l'ont menée chez le commissaire. Celui-ci a tout compris et il a obligé la sorcière à défaire tout ce qu'elle avait fait.
Elle a retransformé la citrouille en automobile. Mais comme le rat l'avait rongée, la carrosserie était trouée.
Elle a refait du rat rouge un chauffeur. Mais le chauffeur n'était pas content, parce qu' ☐ il prétendait que rouler ne lui rapportait pas assez.
Après cela il a fallu que la sorcière change de nouveau l'araignée mauve pour en refaire une couturière. Mais aussitôt celle-ci s'est mise à pleurnicher, disant qu'elle aimait mieux tisser des rideaux et des robes, plutôt que de rapetasser des vieilles nippes. De plus, il lui fallait se remettre à gagner sa vie, alors que chez la sorcière, il lui suffisait de manger deux ou trois mouches par jour.
Enfin la sorcière a refait du chien vert un agent de police, de la chatte jaune une femme de ménage et de la taupe orange un employé du métro. Mais l'agent de

police était triste : il avait fait tout récemment la connaissance d'une petite chienne qui sentait bon, bon, bon... Il voulait se marier avec elle, mais en agent de police, ce n'était plus possible !
Et la femme de ménage a sangloté en portugais, criant qu'elle préférait de beaucoup faire sa toilette et se lécher toute la journée, plutôt que de passer l'aspirateur ☐ dans des appartements qui n'étaient pas à elle.

Quant à l'employé du métro, il est resté chômeur, car pendant son absence on l'avait remplacé par une machine électronique. Alors il s'est mis à boire et à boire et à nous raconter son histoire depuis dimanche matin jusqu'au samedi soir, et il assomme tout le monde en répétant cent fois par jour tous les tours qu'il a faits sous terre dans le jardin de la sorcière.

D'après P. GRIPARI, *La Sorcière et le commissaire*, Ed. B. Grasset, 1988.

♥ **14** **Dans le texte que tu viens de lire, la sorcière a transformé des bouts de phrases en ☐. Retrouve la bonne place de chaque morceau de phrase, note sa lettre dans le carré prévu à cet effet.**

« il ne pouvait plus manger sa voiture, » **(A)**
« derrière les grilles, » **(B)**
« qui ne cesse de creuser des galeries » **(C)**
« et de vider les cendriers » **(D)**
« qui lui tissait des rideaux sur ses fenêtres, de beaux rideaux brodés » **(E)**

♣ **15** **Voici deux listes de mots.**

Liste 1 : rat ; moustique ; araignée ; mouches ; chien ; chatte ; tortue ; taupe ; lion ; chienne.
Liste 2 : égoutier ; instituteur ; chauffeur ; couturière ; agent de police ; femme de ménage ; employé du métro ; aviateur ; militaire.

Cherche le plus vite possible les mots qui se trouvent dans le texte ci-dessus et entoure-les à chaque fois que tu les rencontres dans le texte.

COMPRÉHENSION MÉMOIRE

Drôles de transformations !

♠ **16** **Chaque chose, chaque animal transformé par la sorcière a une couleur bizarre. Relis le texte en faisant attention à ces différentes couleurs.**

♠ **17** **Maintenant, sans revenir au texte, redonne à chacun sa drôle de couleur... Note la lettre de chaque couleur dans la bonne case.**

1 la citrouille ☐
2 le chien ☐
3 le rat ☐
4 l'araignée ☐
5 la chatte ☐
6 la taupe ☐

a) mauve
b) orange
c) bleue
d) vert
e) rouge
f) jaune

♠ **18** **Les personnages de cette histoire ne sont pas très contents de retrouver leur forme humaine. Les raisons qui suivent sont-elles exactes ?**

	VRAI	FAUX
1 Le chauffeur n'est pas content parce qu'il ne peut plus habiter la citrouille.		
2 La couturière n'est pas contente car elle doit tisser des robes au lieu de rapetasser des vieilles nippes.		
3 L'agent de police n'est pas content car il ne peut plus se marier.		
4 La femme de ménage n'est pas contente car elle en a assez de vider les cendriers.		
5 L'employé du métro n'est pas content car il est au chômage.		

♥ **19** **Tu as sans doute remarqué que la sorcière ne transforme pas les personnages au hasard. Comme dans le texte, les personnages suivants se retrouvent dans la peau d'un animal qui a quelque chose à voir avec leur métier, lequel ?**

L'acrobate
- ☐ en tortue.
- ☐ en singe.
- ☐ en hippopotame.

Le coureur à pied
- ☐ en zèbre.
- ☐ en fourmi.
- ☐ en bœuf.

Le voleur
- ☐ en âne
- ☐ en veau.
- ☐ en renard.

Le pilote d'avion
- ☐ en ver de terre.
- ☐ en lapin.
- ☐ en mouette.

La standardiste
- ☐ en perroquet.
- ☐ en crocodile.
- ☐ en gazelle.

8

La valise d'Arthur

VITESSE

1 Entoure, le plus vite possible, dans la valise d'Arthur, les mots soulignés dans le texte suivant.
Tu peux lire dans ce sens : → et dans ce sens : ↓.

Albert et Arthur entrent en courant dans la gare, compostent leurs billets et demandent au contrôleur où se trouvent les places qu'ils ont réservées. « Dans le wagon 1, vers la locomotive, en tête du train », leur répond le contrôleur. Ils se dépêchent, mais Arthur se cogne contre les bagages d'un monsieur. Sa valise tombe, s'ouvre et... regarde ce qu'on y trouve :

	a	b	c	d	e	f	g	h	i	j	k	l	m
1	A	B	W	C	D	E	B	A	G	A	G	E	S
2	T	R	A	I	N	F	G	H	I	J	A	K	T
3	L	M	G	O	P	Q	R	S	B	T	R	U	U
4	V	L	O	C	O	M	O	T	I	V	E	W	V
5	X	Y	N	Z	A	B	C	D	L	E	F	G	W
6	I	J	K	L	M	N	O	P	L	Q	R	S	X
7	T	C	O	N	T	R	O	L	E	U	R	U	Y
8	V	W	X	Y	Z	A	B	C	T	D	E	F	Z
9	G	H	Y	W	V	A	L	I	S	E	K	I	J

2 Entoure, le plus vite possible, dans le calligramme, ci-contre, de Pierre Albert-Birot, les mots soulignés dans le texte suivant.

MAISON ET ARBRES

(MAISON)

Derrière
Il y a la mer et derrière la mer
Il y a d'autres maisons
les chats sont mes amis
Je suis ce qu'il y a de plus noble et je me sacrifie pour tous ceux qui font appel à moi et pourtant on ne me regarde pas souvent

ET JE SUIS AUSSI PARFOIS TRÈS GAI

Je sais des choses épouvantables
Je suis triste et je ne vois jamais le soleil
Je laisse entrevoir le monde

J'offre au monde des gens nus
Je suis à la disposition des vivants et des morts

(ARBRE)

J'invite les oiseaux à chanter pour elle
Je lui prodigue tendrement mes caresses à chaque printemps pour lui plaire
aux mois d'été je me grille pour la protéger et l'hiver
je lui donne un peu de moi-même pour la réchauffer
J'aime mon amie mon épouse qui vieillit fidèlement à mon côté

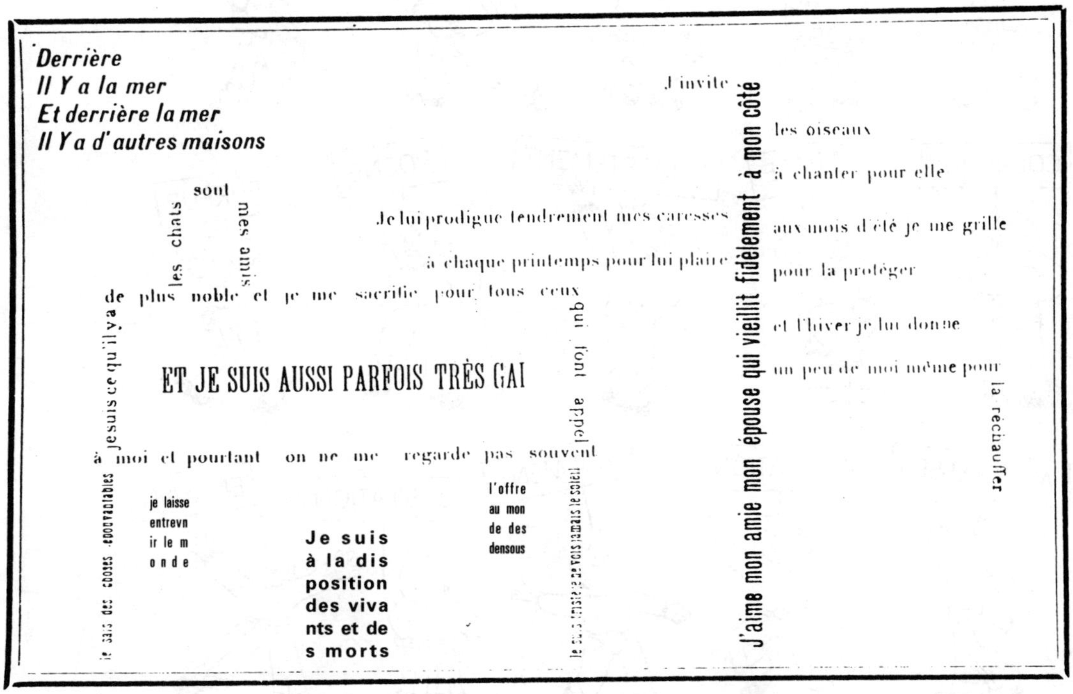

Pierre Albert-Birot, *La Joie des sept couleurs*, Poésie 1916-1920, Rougerie.

COMPRÉHENSION

La manif' !

3 **Inscris sur la dernière pancarte le mot de la liste ci-dessous qui convient. Observe bien le visage des manifestants, il pourra t'aider !**

GOURMAND - COLÈRE - TRISTESSE - PEUR -JOIE

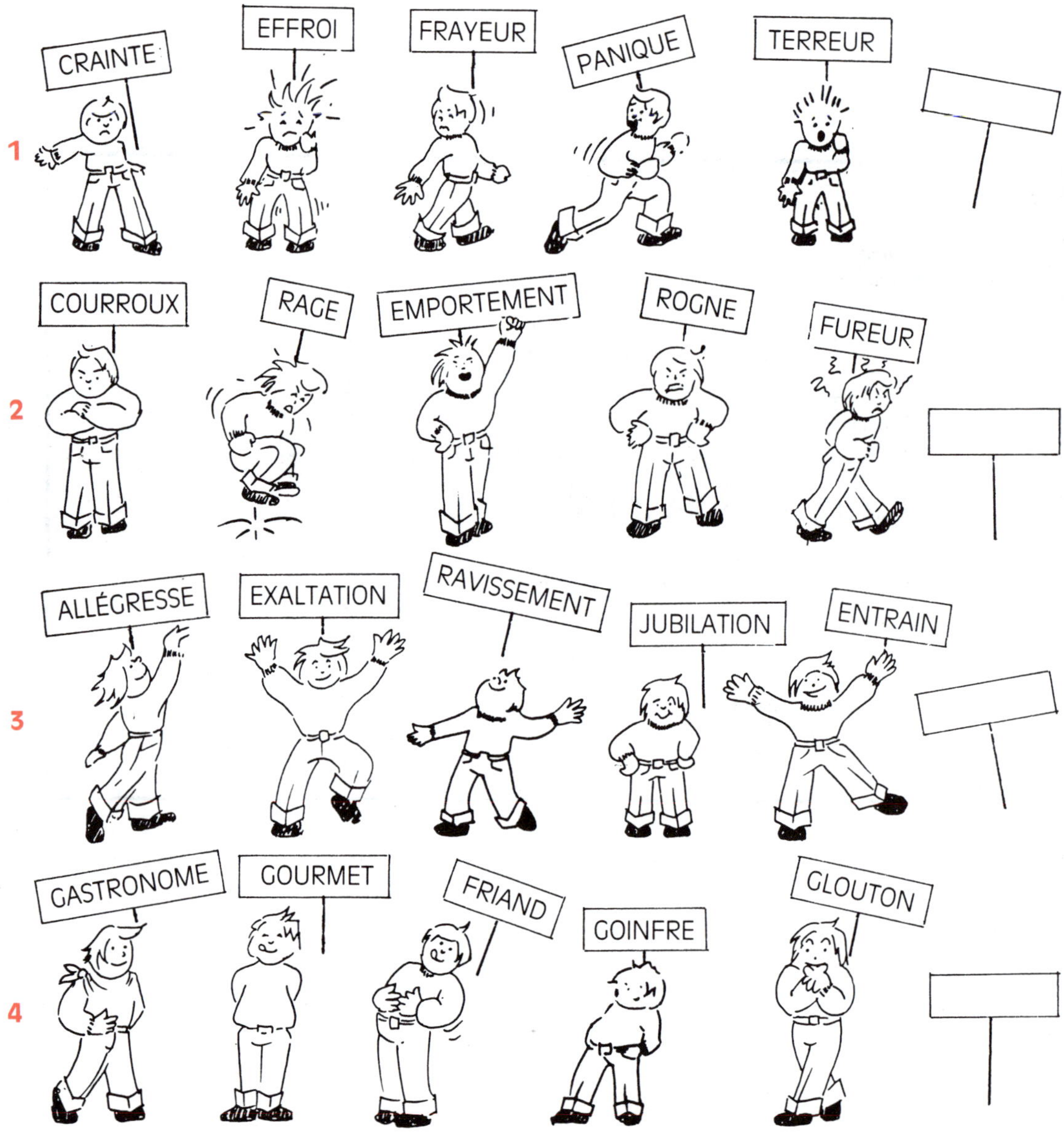

5

4 **Même consigne que précédemment. Attention, cette fois-ci, il y a des intrus dans la liste et les visages des manifestants ne peuvent plus t'aider !**

PARESSE - HAINE - ENNUI - AVARE
AMOUR - COURAGE - ÉTOURDI

1
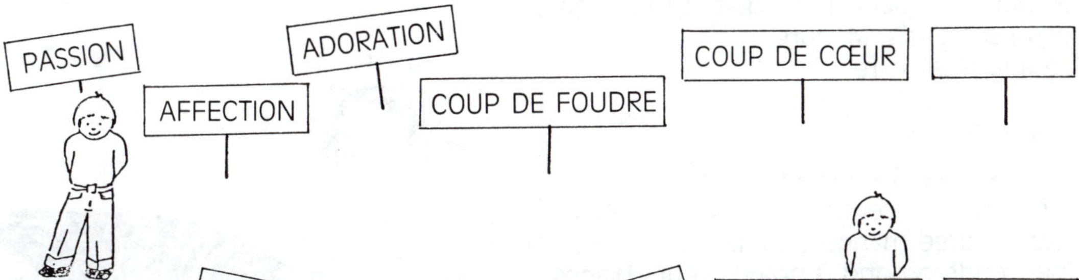

2

3

4
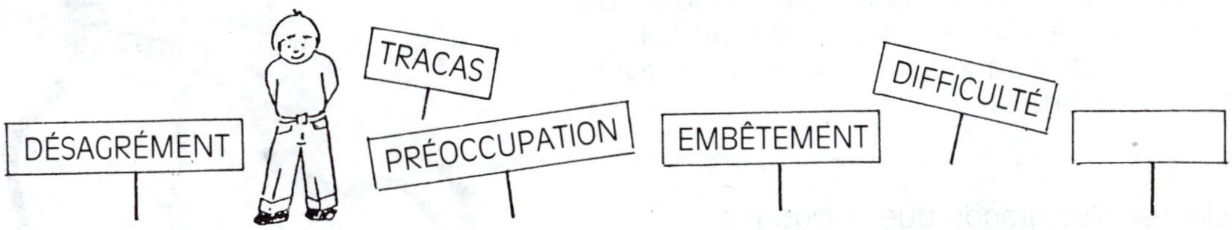

5

Ouvrez la cage aux oiseaux

RECHERCHE

5 Lis attentivement cet extrait d'un guide sur les oiseaux.

La mésange charbonnière

1 Elle a la taille d'un moineau.
2 Elle niche dans les forêts et les jardins.
3 Elle mange des insectes et des fruits.
4 Elle pond, deux fois par an, une dizaine d'œufs blancs tachés de rouge.
5 Ses petits naissent après que la mésange a couvé ses œufs 14 jours.
6 Elle a la tête noire.

L'oie cendrée

1 L'oie cendrée mesure 85 cm.
2 Le nid de l'oie cendrée est fait de joncs.
3 L'oie cendrée mange de l'herbe.
4 L'oie cendrée pond 8 grands œufs blancs.
5 Les petits de l'oie cendrée naissent après avoir été couvés 28 jours.
6 Le bec de l'oie cendrée est orange ou rose-rouge avec une pointe blanche.

La caille

1 La caille est de la taille du merle.
2 Le plumage de la caille est brun terre.
3 La caille picore des graines de mauvaises herbes.
4 La caille peut pondre 14 œufs.
5 La caille couve ses petits pendant 17 jours dans son nid caché dans un petit creux du sol.
6 Les œufs de la caille sont marron jaune avec des points bruns.

La grue

1 Elle est plus grande que la cigogne.
2 Son nid est un grand amas de roseaux.
3 La grue aime manger du maïs et des insectes.
4 Elle pond 2 grands œufs gris.
5 La grue couve ses œufs pendant 30 jours.
6 Les petits de la grue volent quand ils ont 10 semaines.

La pie bavarde

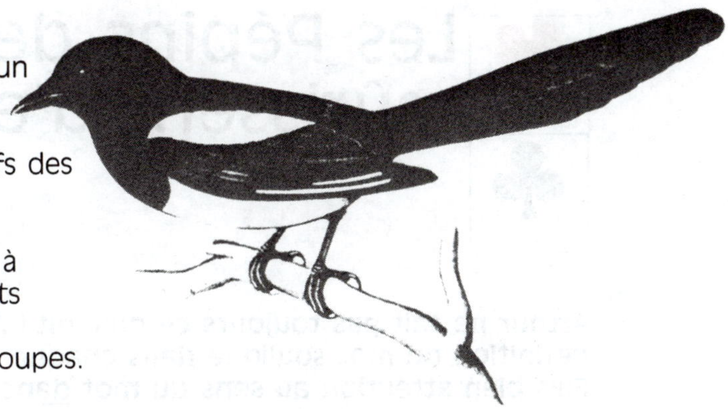

1 La pie est à peu près aussi grande qu'un pigeon.
2 Le plumage des pies est noir et blanc.
3 La pie mange des escargots et les œufs des autres oiseaux.
4 La pie pond en général 7 œufs.
5 Les pies nourrissent leurs petits de 22 à 27 jours, au bout de ce temps les petits s'envolent.
6 Les pies vivent d'habitude en petits groupes.

6 Quand deux renseignements qui correspondent au même oiseau se croisent, tu entoures, dans le tableau, la lettre située au point de rencontre.

Par exemple : « Elle a une tête noire » et « Elle élève deux couvées par an » sont deux renseignements sur le même oiseau (la mésange), il faut donc entourer la lettre « N ».

	elle fabrique son nid avec des roseaux	elle pond 8 œufs	elle élève 2 couvées par an	elle nourrit ses petits de 22 à 27 jours	ses œufs sont marron jaune	elle a la taille d'un moineau
elle pond 2 grands œufs gris	P	Q	R	S	T	U
elle peut pondre 14 œufs	C	D	E	F	I	J
elle a une tête noire	L	M	Ⓝ	O	P	G
son plumage est noir et blanc	P	Q	R	S	T	U
elle mange des insectes et des fruits	J	K	L	M	N	O
elle fabrique son nid avec des joncs.	M	N	O	P	Q	R

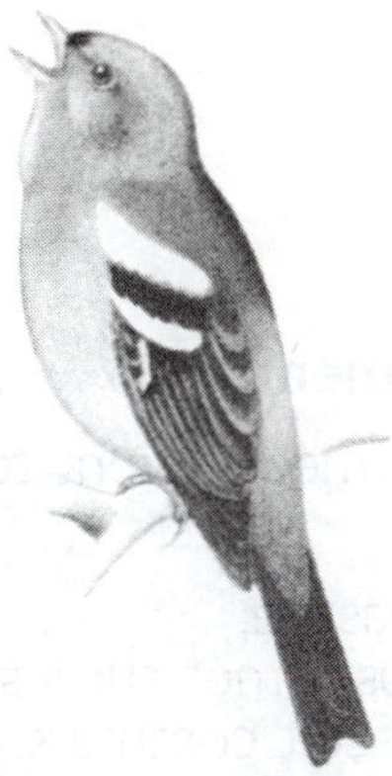

Avec les lettres entourées tu peux écrire le nom de l'oiseau-mystère.
C'est un ______________________

D'après Petit guide naturaliste, *Quel est donc cet oiseau ?* Nathan, 1976.

Les Pépins de parapluie mûrissent d'ennui...

COMPRÉHENSION

RECHERCHE

♥ **7** **Arthur ne sait pas toujours ce qu'il dit ! Aide-le donc en cochant la bonne définition du mot souligné dans chaque phrase.**
Fais bien attention au sens du mot dans la phrase.

1 Mon oncle a toujours des pépins avec sa vieille voiture, il est obligé de la faire réparer régulièrement.

☐ a) Petite graine que l'on trouve dans certains fruits.
☐ b) Mot familier pour « parapluie ».
☐ c) Mot familier pour « ennui », « difficulté ».

2 L'autre jour, j'ai glissé sur une plaque de verglas ; je me suis fait un drôle de bleu à la cuisse.

☐ a) Une des sept couleurs de l'arc-en-ciel.
☐ b) Nom que l'on donne à certains vêtements de travail.
☐ c) Coloration de la peau à la suite d'un coup, d'une chute.

3 À la fin du marathon, j'étais fatigué et j'avais plein d'ampoules aux pieds.

☐ a) Petit tube de verre de forme allongée qui contient un médicament.
☐ b) Cloque provoquée par un frottement de la peau.
☐ c) Globe de verre contenant un gaz rare et un filament que le courant électrique rend lumineux.

4 Il nous assomme avec ses histoires à dormir debout !

☐ a) Faire perdre connaissance en heurtant la tête.
☐ b) Étourdir.
☐ c) Ennuyer, fatiguer quelqu'un.

♥ **8** **Même consigne que précédemment.**

5 Les artistes, les musiciens et les comédiens ont touché un cachet important à la fin du spectacle qu'ils ont donné.

☐ a) Médicament en forme de pastille.
☐ b) Marque imprimée que la poste met sur les timbres des lettres.
☐ c) Somme d'argent que l'on reçoit comme salaire pour un spectacle.

6 Il est champion européen, mais pour battre le record mondial, il faut qu'il arrive vraiment à se dépasser.

☐ a) Doubler, passer devant une autre voiture.
☐ b) Aller au-delà de ses limites.
☐ c) Aller plus loin.

7 Après avoir allumé le feu, elle a posé la boîte d'allumettes sur le <u>manteau</u> de la cheminée.

☐ **a)** Vêtement à manches que l'on porte par-dessus les autres habits.
☐ **b)** Rebord situé au-dessus du foyer.
☐ **c)** Revêtement en goudron de la route.

8 Ce sportif a un moral d'acier, il a la <u>rage</u> de vaincre.

☐ **a)** Très grande volonté (de gagner, par exemple).
☐ **b)** Maladie mortelle transmise par certains animaux.
☐ **c)** Colère très violente.

9 Le dentiste creuse les dents cariées avec sa <u>roulette</u> afin de les soigner.

☐ **a)** Jeu de hasard dans lequel on lance une petite boule sur un plateau.
☐ **b)** Instrument dentaire.
☐ **c)** Petite roue utilisée à de multiples fins.

♣ 9 **Cherche parmi les définitions et les phrases ci-dessus celles qui correspondent à ces dessins. Note le numéro et la lettre qui conviennent. Le premier est donné en exemple.**

N° 3 / c

N° ______ / ______.

N° ______ / ______.

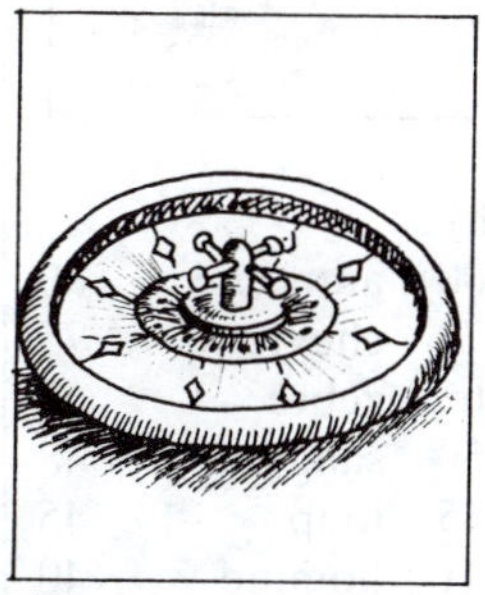

N° ______ / ______.

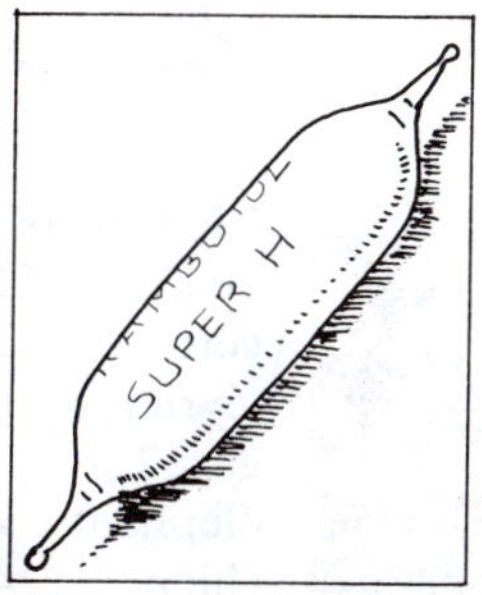

N° ______ / ______.

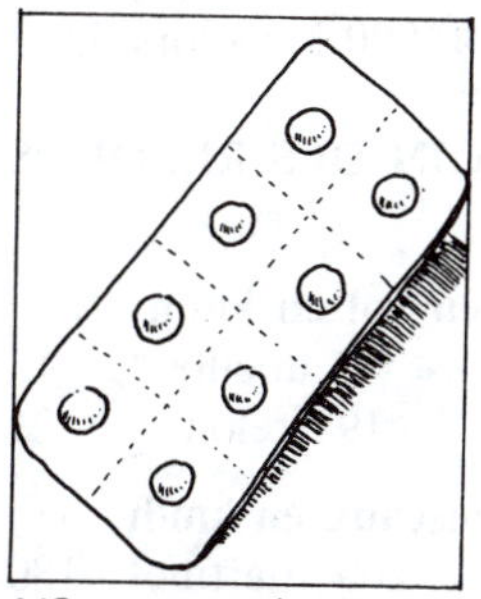

N° ______ / ______.

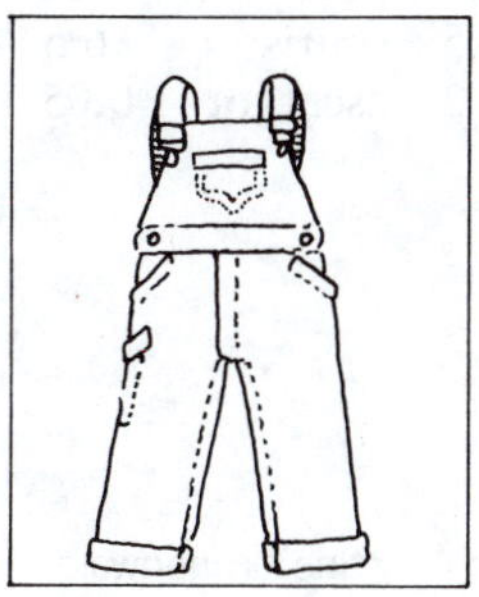

N° ______ / ______.

N° ______ / ______.

N° ______ / ______.

À toutes vitesses...

Projectiles en km/h
Un disque de plastique, le skyro, a atteint le record absolu pour tout objet solide visible : 540 000 km/h !

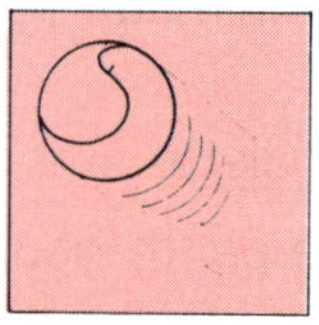

sonde spatiale	51 800
obus	5 814
balle de fusil	300 à 1 000
flèche	360
balle de golf	273
balle de tennis	221

Sports de vitesse

patinage	75,6 km/h
luge	100 km/h
ski	200-222 km/h

QUELQUES VITESSES PEU CONNUES

Vitesse des glaciers : dans les Alpes, leur vitesse moyenne est de 10 à 200 m/an. Il faut 100 ans à la glace qui se forme au sommet pour atteindre le fond de la mer de Glace. Au Groenland, les glaciers se déplacent de 8 km/an environ, soit 20 m/jour.

Vitesse des déserts : la progression annuelle mondiale des zones désertiques est de 5 ou 6 millions d'hectares.

Vitesse des éclairs : elle varie de 160 à 1 600 km/s dans leur trajectoire vers le sol. Elle atteint 140 000 km/s lors de son coup de retour.

LE COIN DES RECORDS DE VITESSE

Insectes en vol en km/h

mouche	7	abeille	15
guêpe	19	frelon	21

Vol des oiseaux en km/h

vautour	209	martinet	180	faucon (en piqué)	322
épervier	160	canard	90	aigle (en piqué)	193
caille	91	cygne	88	cigogne	77
chouette	72	hibou	64	hirondelle	70
rouge-gorge	57	étourneau	56	pie	56
héron	56	goéland	53	pinson	46

Les animaux marins en km/h
Le requin nage à 30 km/h, mais peut atteindre 80 ou 100 km/h.

espadon	90	thon	80	dauphin	50
manchot	45	saumon	30	truite	10

LE COIN DES VITESSES

hors-bord	459 km/h	sous-marin	37 km/h
voilier	51 km/h	paquebot	65,8 km/h
hélicoptère	557,8 km/h	Concorde	2 333 km/h
avion de chasse	3 395 km/h	Columbia	26 715 km/h

CALME, JOLIE BRISE, GRAND FRAIS, COUP DE VENT, OURAGAN

Ces mots, vous les avez déjà entendus à la radio lors des bulletins de météo marine. Ils correspondent en fait à des chiffres bien précis de la vitesse du vent. Grand frais veut dire 50 à 60 km/h. Si le vent souffle de 120 km/h à 220 km/h, c'est l'ouragan. Et près du centre d'un cyclone, il peut atteindre 400 km/h !

Vitesses de pointe (en km/h)

guépard	112	antilope	100	autruche	80
cerf	78	cheval	77	chevreuil	75
lévrier	68	girafe	65	zèbre	65
gazelle	65	ours	50	sanglier	48
éléphant	45	rhinocéros	45	loup	45
chien	42	dromadaire	41	homme	40
mouton	24	chameau	24	porc	18
belette	12	rat	9,5	souris	6,5
taupe	4	tortue	2	escargot	0,05

D'après Christine Grunenwald, *Les records de vitesse*, Nathan, 1988.

Tout bouge...

RECHERCHE COMPRÉHENSION

♣ 10 **Souligne les animaux et les choses de la liste suivante dont on ne parle pas dans le document « À toutes vitesses ».**

La lumière-l'escargot-le ver de terre-la flèche-la bicyclette-la souris-le porc-les obus-les planeurs-les montgolfières-les éclairs-le chevreuil-les ours-les vaches-les rennes-le hibou-le thon- le saumon-l'espadon-le voilier-le paquebot-les trains.

♣ 11 **« Ils vont plus vite que le vent... » Oui, mais lequel ?**
Aide-toi du document de la page 90 pour cocher les bonnes cases du tableau.

va plus vite que	le grand frais	l'ouragan	le cyclone
l'antilope			
la balle de tennis			
le guépard			
un obus			
un hélicoptère			
l'espadon			
la caille			
le faucon			
le thon			

♣ 12 **Cherche et trouve...**

1 le nom de l'objet le plus rapide fabriqué par les hommes : ____________

2 le nom du poisson qui peut atteindre 100 kilomètres à l'heure : ____________

3 la vitesse de l'avion Concorde : ____________

(Suite page 92)

____

4 le temps mis par la glace pour aller du sommet du mont Blanc au fond de la mer de Glace : ____________

5 la plus grande vitesse d'un éclair : ____________

♣ 13 Qui est le champion du monde de vitesse...

1 des animaux à quatre pattes ? ____________

2 des projectiles ? ____________

3 des oiseaux ? ____________

4 des insectes ? ____________

♣ 14 Course de... lenteur.

Classe du plus rapide au plus lent en mettant un numéro dans la case prévue :

a) un escargot ☐ une taupe ☐ une tortue ☐ une mouche ☐ une souris ☐ un rat ☐

b) un frelon ☐ un mouton ☐ un homme ☐ un dromadaire ☐ une abeille ☐

c) une truite ☐ une guêpe ☐ un porc ☐ un zèbre ☐ un pinson ☐

♥ 15 Arthur a essayé de faire quelques calculs de vitesse et voici ce qu'il a trouvé. A-t-il raison ou tort ? Coche la bonne réponse.

	RAISON	TORT
a) Si une taupe et une tortue font la course pendant une heure, la taupe aura 2 kilomètres d'avance quand elle s'arrêtera.		
b) Aujourd'hui, la cigogne devait faire un voyage de 800 kilomètres. Comme elle ne s'est pas arrêtée de voler, il lui a fallu plus de 10 heures et moins de 11 heures.		
c) Comme une autruche peut courir à 80 kilomètres à l'heure, dix autruches peuvent courir à 800 kilomètres à l'heure.		
d) Un voilier peut atteindre 51 kilomètres à l'heure. Donc, si ce voilier reste au maximum de sa vitesse, il lui faudra moins de 10 heures pour parcourir 500 kilomètres.		

♥ **16** **Voici des affirmations. À toi de dire si elles sont vraies ou fausses en t'aidant du document de la page 90.**

		VRAI	FAUX
a)	Une antilope court plus vite qu'un cheval.		
b)	Une flèche ne va pas moins vite qu'une balle de golf.		
c)	Une balle de golf est plus rapide qu'une balle de tennis mais moins rapide qu'une flèche.		
d)	La girafe peut courir à plus de 60 kilomètres à l'heure alors qu'un homme n'atteint que les 40 kilomètres à l'heure ; c'est pourquoi les hommes rattrapent facilement les girafes en leur courant après.		
e)	La navette spatiale Columbia atteint une vitesse de 26 715 kilomètres à l'heure ; c'est plus rapide que la vitesse d'un avion de chasse (3 395 kilomètres à l'heure) mais moins rapide qu'une sonde spatiale (51 800 kilomètres à l'heure).		
f)	La tortue est plus lente que la taupe, mais la taupe est plus rapide que l'escargot. Quand je dis cela, je sais qui de la tortue ou de l'escargot va le plus vite.		

9

Il suffit de passer le pont

VITESSE

1 **Ce pont a été construit par un architecte qui aimait beaucoup l'ordre alphabétique. Complète les piles en choisissant quatre mots parmi les huit qui te sont proposés.**

1 cour-courant-cross-crème-bleu-biberon-effort-limite

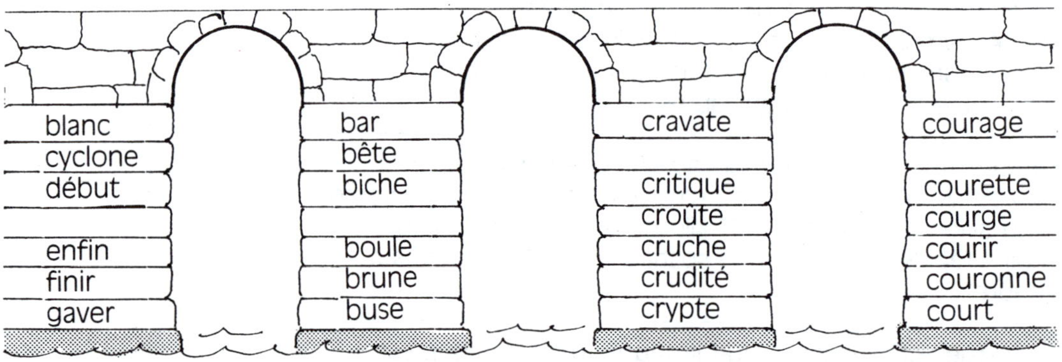

2 **Voici un autre pont et d'autres mots à placer.**

Kilo-détendre-mimolette-âne-quenotte-kipper-détergent-ana-minette-questeur

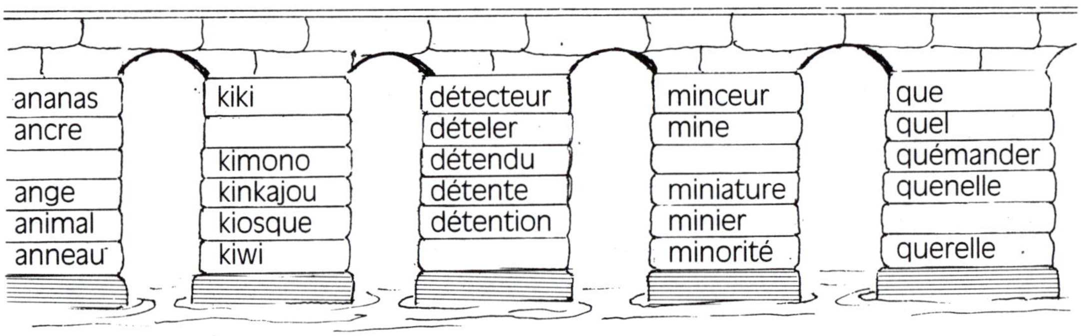

3 **De plus en plus fort !**

cure-bulle-mildiou-régleur-noix-militant-mou-bande-régler-sourcilier-curiste-sourd

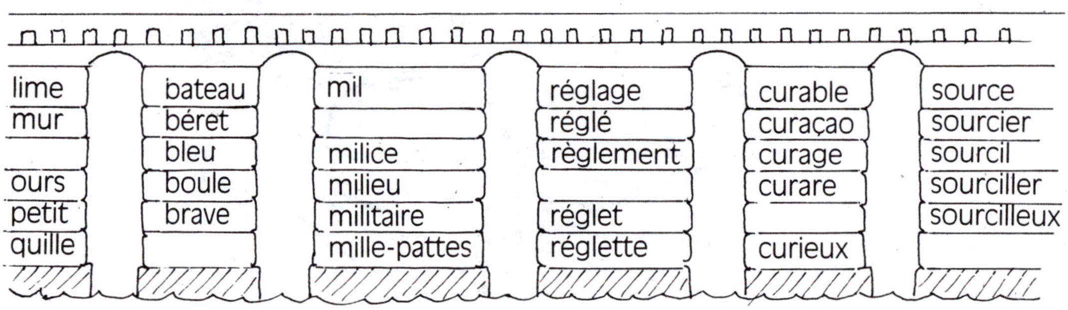

VITESSE

A B C D E F...

2 **Dans chaque série de mots, entoure celui qui a toutes ses lettres dans l'ordre de l'alphabet. Exemple : afin (dans l'alphabet « a » est avant « f », « f » avant « i » et « i » avant « n »).**

1 camping-dune-afin-fabriquer-plier-
2 marche-lit-oreiller-bureau-mur-abcès-
3 tendu-bijou-crapaud-stupide-lamentation-
4 crabe-direct-pli-sabot-élu-preuve-
5 film-faire-flamme-fiche-filet-face-
6 tournant-flotter-îlot-murmure-poulet-gourde-
7 disque-doigt-coq-pente-seuil-loutre-

COMPRÉHENSION

Le podium

3 **Arthur est monté sur un podium ; il porte un mot sur chaque main. Entoure le mot qui correspond au nom du podium. Le premier est donné en exemple.**

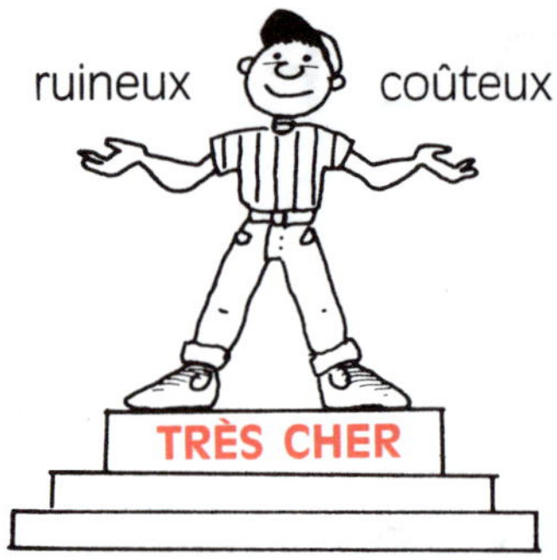

4 Même consigne que précédemment.

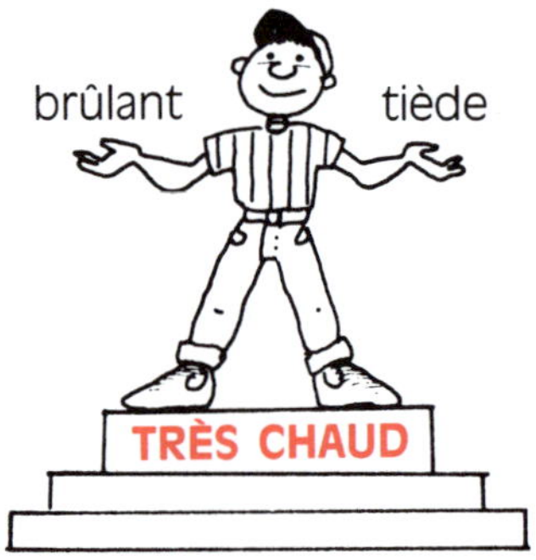

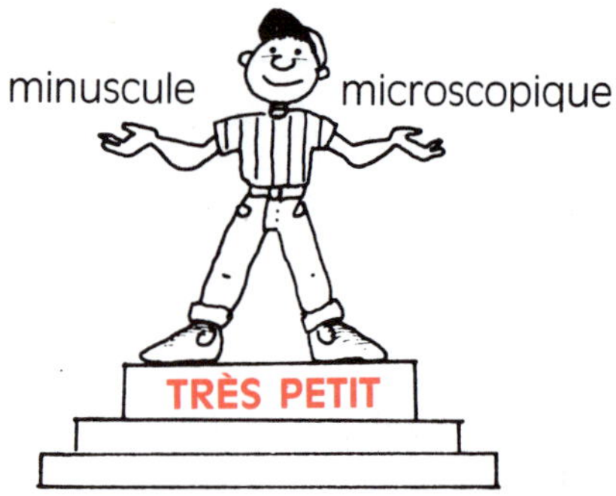

VITESSE COMPRÉHENSION

Une ou un ?

◆ **5** Certains mots peuvent changer de sens lorsqu'ils sont masculins ou féminins.
Aide-toi des dessins pour trouver, le plus vite possible, si les mots en rouge sont masculins ou féminins. Coche la bonne réponse.

1 Il prit ☐ le / ☐ la **poêle** à deux mains et fit sauter la crêpe.

Un poêle 

Une poêle 

2 Ce bateau a deux ☐ grands / ☐ grandes **voiles**

Un voile 

Une voile 

3 Dominique verse le soufflé aux fruits de mer dans ☐ un / ☐ une **moule,** puis le met au four.

Un moule 

Une moule 

4 J'ai fait l'achat d' ☐ un nouveau / ☐ une nouvelle **manche** pour cette pelle.

Un manche 

Une manche 

♥ **6 Aide-toi cette fois-ci des deux définitions qui suivent chaque phrase pour savoir si le mot souligné est féminin ou masculin.**

1 Ne t'approche pas trop du bord de l'étang pour cueillir des fleurs, il y a ☐ un / ☐ de la vase à cet endroit.

a) Un vase : récipient dans lequel on met des fleurs.
b) La vase : boue qui se dépose au fond de l'eau.

2 Pour la Chandeleur, notre village a organisé une belle fête ; à cette occasion, ma sœur s'est confectionné un chemisier dans ☐ un joli / ☐ une jolie crêpe rouge.

a) Une crêpe : sorte de fine galette cuite à la poêle.
b) Un crêpe : tissu léger d'aspect ondulé.

3 Ouvrez votre livre d'histoire à ☐ le / ☐ la page 100 et observez ☐ le / ☐ la page qui se trouve à droite du seigneur sur l'image. Comment est-il habillé ?

a) Un page : jeune noble au service d'un seigneur.
b) Une page : un des côtés d'une feuille de papier.

4 Valentin s'est fait embaucher par un grand fabricant de matelas : son travail consiste tout simplement à les essayer. Une façon plutôt « reposante » de gagner ☐ un bon / ☐ une bonne somme en faisant ☐ un bon / ☐ une bonne somme !

a) Un somme : une sieste de courte durée.
b) Une somme : une quantité d'argent.

5 L'autre jour, en allant à la pêche, mon voisin est tombé et s'est cassé ☐ le / ☐ la carpe. Il a fallu le plâtrer.

a) La carpe : poisson d'eau douce.
b) Le carpe : nom de l'un des os du poignet.

♥ **7 Même exercice que précédemment. Attention, il y a trois définitions cette fois-ci. Coche celle(s) que tu as choisie(s).**

1 J'ai acheté ☐ ce / ☐ cette livre de poésies en Angleterre ; il ne m'a coûté qu' ☐ un / ☐ une livre.

a) Un livre : volume relié et imprimé.
b) Une livre : la moitié d'un kilogramme.
c) Une livre : monnaie anglaise.

2 Dimanche dernier, nous sommes allés faire ☐ un / ☐ une <u>tour</u> du côté du château du village ; dans ☐ le / ☐ la <u>tour</u> de gauche, se trouve l'atelier d'un potier qui travaille la terre sur ☐ son / ☐ sa <u>tour</u>.

a) Un tour : une promenade.
b) Un tour : planche tournante sur laquelle travaillent les potiers.
c) Une tour : bâtiment étroit et en hauteur, rond ou carré.

3 Ce bateau est échoué sur le bord du fleuve depuis des années ; ses flancs sont recouverts ☐ d'un beau / ☐ d'une belle <u>mousse</u> ☐ vert / ☐ verte.

a) La mousse : écume sur la surface d'un liquide.
b) La mousse : petites plantes très fines qui poussent sur les troncs, les pierres...
c) Le mousse : apprenti marin.

4 À l'automne, après une longue promenade en forêt, quel plaisir de retrouver ☐ un / ☐ une <u>gîte</u> bien ☐ chaud / ☐ chaude !

a) Un gîte : lieu où l'on habite, où l'on dort.
b) Un gîte : trou dans lequel vit le lièvre.
c) La gîte : inclinaison d'un navire lorsqu'il se couche sur le côté.

5 Pense à prendre le courrier en partant, je l'ai posé sur ☐ le / ☐ la <u>poste</u>, dans la cuisine. Et n'oublie pas que ☐ le / ☐ la <u>poste</u> ferme à 18 h 30 !

a) Un poste : appareil de radio ou de télévision.
b) Un poste : un emploi.
c) La poste : administration chargée de l'acheminement du courrier.

Week-End Hebdo

AGENDA

SAMEDI ET DIMANCHE

Urgences

Pharmacie de garde. — Pharmacie Vignet, 6 bis, avenue Jean-Jaurès.
SAMU. — 84 46 45 17.
Pompiers. — 18.
Hôpital. — 84 40 40 40.
Polyclinique. — 84 46 90 10.
Commissariat de police. — 84 57 44 42.
Gendarmerie. 84 17 84 17.
Dépannage E.D.F. — 86 51 21 77.
Dépannage G.D.F. — 84 26 15 37.
Service des eaux. — 86 52 41 20.

Pratique

Mairie. — 86 52 59 45.
SNCF information voyageurs. — 86 46 50 50.
ANPE. 86 52 49 95.
Syndicat d'initiative. — 84 19 52 06.
Objets trouvés. — 84 52 86 93 (sauf le dimanche).

Cinémas

Alpha 1. 15 heures, 20 h 30 et 23 heures : LA DERNIÈRE CIBLE.
Alpha 2. 18 heures, 20 h 30 et 23 heures : LA PETITE VOLEUSE. 18 heures : LA COMMISSAIRE (Art et Essai. V.O. s.-t.).
Alpha 3. 15 heures, et 20 h 30 : CAMILLE CLAUDEL.
Casino 1. 14 h 30, 20 h 30 et 22 h 30 : LE CAUCHEMAR DE FREDDY (interdit aux moins de 13 ans).
Casino 2. 14 h 30, 20 h 30 et 22 h 30 : TUCKER.
Casino 3. 15h, 14 h 30, 20 h 30 et 22 h 30 : LES MARIS, LES FEMMES, LES AMANTS.
Casino 4. 14 h 30 : ROX ET ROUKY. 20 h 30 et 22 h 30 : PATTY HEARST.
Le Paris 2. 14 h 30, 20 h 30 et 22 h 30 : MOONWALKER.
Le Paris 3. 14 h 30, 20 h 30 et 22 h 30 : L'OURS.

Loisirs, culture, expositions

Conservatoire de la nature Paul-Bert (5 boulevard Vauban). — « L'homme et la Terre, d'après Buffon ». Exposition tous les jours, de 8 à 12 heures et de 14 h à 18 heures. Le week-end, à partir de 14 heures, entrée gratuite. Film vidéo permanent sur la vie de Buffon.
« Buffon en son temps ». — Salle d'exposition du Théâtre municipal jusqu'au 23 janvier, de 10 à 18 h.
Musée d'art et d'histoire (abbaye Saint-Germain, nouveau musée). — La civilisation gallo-romaine. Tous les jours, sauf le mardi, de 9 à 12 heures et de 14 à 19 heures. Exposition permanente.
Abbaye Saint-Germain. — Cryptes carolingiennes. Fresques du IXe siècle (les plus anciennes découvertes en France), de 9 à 12 heures et de 14 à 17 heures.
Musée Leblanc-Duvernoy (9 bis, rue d'Egleny). — Ouvert tous les jours, de 14 à 17 heures, sauf le mardi. Peinture XVIIe-XIe siècles. Tapisseries de Beauvais XVIIIe siècle. Faïences, meubles. Exposition temporaire « Salomé », jusqu'au 13 mars.
Musée du Coche-d'Eau. Saint Nicolas, patron des mariniers, au musée du Coche-d'Eau (3 place du Coche-d'Eau), tous les jours, de 14 h à 18 heures, jusqu'au 23 janvier. Entrée libre.
Galerie Média 2 (17, boulevard Vauban). — Photo noir et blanc de Daniel Baudry, tous les jours de 9 à 12 heures et de 14 à 19 heures, sauf le dimanche.
Banque SNVB. Miguelle expose ses céramiques à la SNVB, rue du Temple.
Banque Populaire. Galerie de la Banque Populaire, place des Cordeliers : Odile Chodkiewicz expose ses peintures et ses aquarelles, jusqu'au 26 janvier inclus.
Bibliothèque municipale centrale (quartier du Pont). — Service adultes, enfants, adolescents et discothèque : de 10 h à 12 heures et de 14 h à 18 heures.
Annexe Sainte-Geneviève (53 bis, rue Cézanne). — De 9 à 12 heures et de 14 h à 18 heures.
Annexe Saint-Siméon (1, allée de la Colemine). — De 9 à 12 heures et de 14 h à 18 heures.
Scrabble. — Section scrabble du PLP-B, maison Soufflot, à 14 h 30.
Bibliothèque pour tous et ludothèque (1, rue Joubert). — De 15 h 30 à 18 h 30.
Ludothèque « Récréatine » (école Jules-Cuiller, rue de la Tour-d'Auvergne). — De 14 h 30 à 16 h 30. Tous les jours.
Ecole municipale des Beaux-Arts (chapelle des Visitandines, 100, rue de Paris). — Ateliers enfants et adultes de dessin et peinture, de 14 h à 19 heures.
Piscine couverte. — De 12 h à 20 heures. (Samedi) — De 9 à 13 heures. (Dimanche)

RECHERCHE

L'agenda de *Week-End Hebdo*

8 **Voici l'« agenda » du magazine *Week-End Hebdo*. Utilise-le pour vérifier que les renseignements donnés ci-dessous sont exacts.**

		VRAI	FAUX
1	L'abbaye Saint-Germain ouvre de 9 à 12 h et de 14 à 17 h.		
2	La piscine ouvre le samedi de 12 h à 20 h et ferme le dimanche.		
3	La pharmacie de garde, dimanche, est la pharmacie Vignet, 6 bis, avenue Jean-Jaurès.		
4	Le film *Rox et Rouky* passe au « Casino 4 » à 20 h 30.		
5	Il y a une exposition de peinture à la banque SNVB.		
6	Le film *Le Cauchemar de Freddy* est interdit aux moins de 13 ans.		
7	Le musée du Coche-d'Eau se trouve 3, place du Coche-d'Eau.		
8	L'exposition « Buffon en son temps » a lieu jusqu'au mois de février.		
9	Au conservatoire de la nature Paul-Bert, on ne paye pas pour voir l'exposition.		
10	Le dimanche matin, au cinéma Alpha 2, il y a trois séances du film *La Petite Voleuse*.		
11	On peut voir le film *L'Ours* au cinéma Le Paris 3.		
12	Les amateurs de photo peuvent voir une exposition qui les intéressera, Galerie Média 2, boulevard Vauban.		
13	Le numéro de téléphone du Syndicat d'initiative est le 84 19 50 06.		
14	En cas de panne d'électricité, on peut téléphoner au service dépannage E.D.F. (tél. : 84 26 15 57)		
15	Il y a une galerie d'exposition à la Banque Populaire.		

L'agenda d'Arthur

RECHERCHE

9 Arthur a noté sur son agenda ce qu'il fera au cours du week-end du 14-15 février.
Vérifie sur l'agenda de *Week-End Hebdo* si ce qu'il a prévu est possible ou non. Fais bien attention à tous les détails (dates, horaires, adresses...). Coche la case lorsque l'activité qu'a prévue Arthur est possible.

St Valentin

SAMEDI 14 FÉVRIER

8 h	Piscine ☐	14 h	
8 h 30		14 h 30	« Rox et Rouky » Cinéma Casino 4 ☐
9 h		15 h	
9 h 30		15 h 30	
10 h	Passer rendre des livres à la bibliothèque municipale ☐	16 h	Cours de dessin (École municipale des Beaux-Arts) ☐
10 h 30		16 h 30	
11 h		17 h	Exposition sur la « Civilisation Gallo-romaine » (musée d'Art et d'Histoire) ☐
11 h 30	Visite de l'exposition « Buffon en son temps » Salle d'exposition du théâtre municipal ☐	17 h 30	
12 h		18 h	
DÉJEUNER		18 h 30	

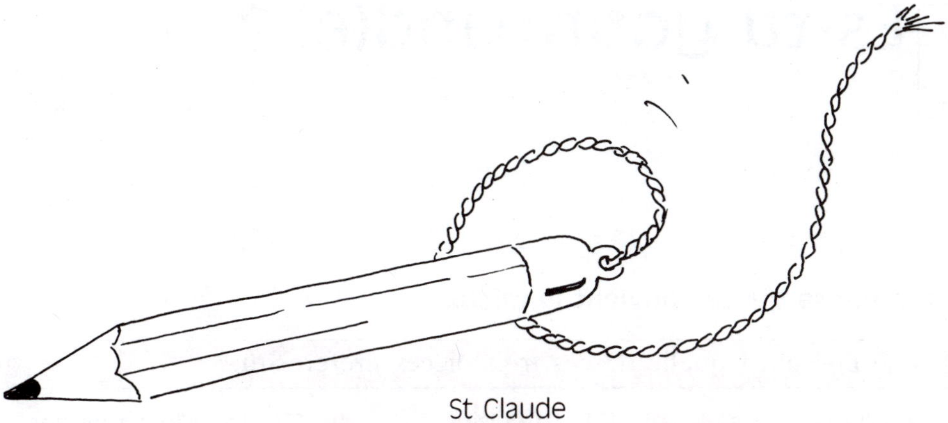

St Claude

DIMANCHE 15 FÉVRIER

8 h

8 h 30

9 h — Telephoner aux "objets trouvés" (tel : 84 52 86 93) ☐

9 h 30

10 h — Piscine ☐

10 h 30

11 h — Visite de l'expo de photos (galerie Média 2) ☐

11 h 30

12 h

DÉJEUNER

14 h

14 h 30

15 h — Passer à la pharmacie Vignet av. Jean-Jaurès ☐

15 h 30

16 h

16 h 30 — « L'ours », Cinéma le Paris 3 ☐

17 h

17 h 30

18 h

18 h 30 — Passer à la ludothèque "Récréatine" ☐

Es-tu gourmand(e) ?

COMPRÉHENSION

10 Coche la réponse qui te convient le mieux.

1 Dans une maison, laquelle de ces trois pièces préfères-tu ?

a) ☐ La salle de bains. b) ☐ La cuisine. c) ☐ La salle à manger.

2 Tu as gagné un livre à la tombola de la fête de l'école. On te donne le choix entre trois titres d'ouvrages ; lequel choisis-tu ?

a) ☐ « 50 recettes faciles pour les enfants. »
b) ☐ « Le goûter de Gargantua. »
c) ☐ « Ali Baba et les quarante voleurs. »

3 Tu es invité(e) à l'anniversaire de ta meilleure amie ; quelle est la première chose que tu dis en entrant chez elle ?

a) ☐ « Bon anniversaire ! »
b) ☐ « Bon anniversaire ! Hmm ! mais dis-moi, ça sent rudement bon chez toi ! »
c) ☐ « Quand est-ce qu'on goûte ? »

4 A la fin du repas, on apporte une délicieuse crème au chocolat sur la table...

a) ☐ La cuillère d'une main, l'assiette de l'autre, te voilà déjà prêt(e) à bondir pour te servir en premier.
b) ☐ L'eau à la bouche, tu tends ton assiette en souriant pour qu'on te serve.
c) ☐ Tu as déjà bien mangé, tu demandes seulement qu'on t'en donne une cuillerée pour goûter cette crème délicieuse.

5 Dans le placard, il ne reste plus qu'un gâteau et c'est l'heure de goûter...

a) ☐ Comme ta sœur arrive, vite, tu te dépêches d'avaler le gâteau.
b) ☐ Ta sœur arrive, tu lui proposes de partager le gâteau en deux.
c) ☐ Du pain c'est très bien pour le goûter ; tu laisses le gâteau à ta sœur.

6 Pour toi, qu'est-ce qui est le plus important dans le métier de cuisinier ?

a) ☐ On peut, tous les jours, et à toute heure, manger les plats qu'on préfère.
b) ☐ C'est un métier où l'on gagne bien sa vie.
c) ☐ Cuisiner est une activité agréable.

7 Dans une histoire, il y a trois personnages. D'après leurs noms, lequel te semble le plus sympathique ?

a) ☐ Jeannette Lacoquette. b) ☐ Joliet Gourmet. c) ☐ Léon Glouton.

8 A la veille de Noël, tu passes devant la vitrine d'un pâtissier où trône un Père Noël en pain d'épice au beau milieu d'un fabuleux paysage de sports d'hiver réalisé en sucre, nougatine, chocolat et autres délicieuses pâtes d'amandes... une merveille cette vitrine ! Quelle attitude adoptes-tu ?

a) ☐ Tu déposes les paquets sur le rebord de la vitrine et tu restes là, langue pendante... Tu rêves que tu es l'un de ces personnages de nougatine en train de skier sur une montagne de sucre glace...
b) ☐ Étonné(e) par un tel travail, tu te dis : « Ben mon vieux, il a dû y passer toute la semaine ! Ça ne doit pas être si facile que ça de faire une vitrine complète sur les jeux Olympiques d'hiver en sucre, chocolat et nougatine. »
c) ☐ Tu t'arrêtes devant la vitrine et tu contemples chaque sport que le pâtissier a sculpté ou fondu en sucre, chocolat ou nougatine. Et tu te dis : « Ça ne doit pas être mauvais une petite luge en pâte d'amandes ! »

9 Dans laquelle de ces trois situations aimerais-tu le moins te trouver ?

a) ☐ Tu viens d'être malade ; arrive sur la table un bouillon de légumes bien chaud et on te dit : « Il vaut mieux que tu n'en manges pas trop, tu risquerais de retomber malade. »
b) ☐ Tu viens d'être malade ; tu peux te rendre sur la plage mais on te dit : Ne te baigne pas aujourd'hui, tu risquerais de retomber malade. »
c) ☐ Tu viens d'être malade ; arrive sur la table un magnifique gâteau et on te dit : « Il vaut mieux que tu n'en manges pas, tu retomberais malade. »

10 Quel serait, pour toi, le rêve le plus délicieux ?

a) ☐ Traverser un lac de mousse au chocolat sur une barque en nougatine.
b) ☐ Se baigner dans un lac de mousse au chocolat.
c) ☐ Offrir une tour Eiffel géante en nougatine et chocolat.

En t'aidant du tableau ci-dessous, compte le nombre de points correspondant aux réponses que tu as cochées dans le test. Reporte ton score dans la colonne de droite. Calcule ton total et compare-le aux résultats du test page 106.

QUESTIONS	Réponses a	Réponses b	Réponses c	TES SCORES
1 ____	1 point ____	3 points ____	2 points ____	____
2 ____	3 points ____	2 points ____	1 point ____	____
3 ____	1 point ____	2 points ____	3 points ____	____
4 ____	3 points ____	2 points ____	1 point ____	____
5 ____	3 points ____	2 points ____	1 point ____	____
6 ____	3 points ____	1 point ____	2 points ____	____
7 ____	1 point ____	2 points ____	3 points ____	____
8 ____	3 points ____	1 point ____	2 points ____	____
9 ____	2 points ____	1 point ____	3 points ____	____
10 ____	2 points ____	3 points ____	1 point ____	____
			TON TOTAL :	____

Si tu as obtenu entre 10 et 16 points. 

La gourmandise n'est visiblement pas ton défaut majeur ! Si tu désires devenir cuisinier ou pâtissier, rassure-toi, il n'est pas nécessaire d'être gourmand(e) pour exercer ces professions. En revanche, je te recommande d'être un peu plus curieux(se) et d'exercer tes papilles gustatives. Goûter et choisir ne veulent pas dire s'empiffrer !

Certes, dans notre société, on mange trop ; mais, n'est-ce pas agréable de manger bien, de manger de bonnes choses ?

Si tu as obtenu entre 17 et 23 points. 

Tu n'es pas à proprement parler gourmand(e), peut-être serais-tu gourmet ! Préférer la qualité à la quantité, voilà qui est faire preuve d'une grande sagesse.

Si tu as obtenu entre 24 et 30 points. 

Mais comment fait-on pour être aussi gourmand(e) ? Es-tu bien sûr(e) d'avoir un estomac, n'est-ce pas plutôt un gouffre ? Si tu continues comme cela, ce n'est pas un médecin qu'il te faudra consulter quand tu auras mal à l'estomac, mais un spéléologue !

Je te conseille un test supplémentaire ; installe-toi devant le gâteau que tu préfères pour le déguster... des yeux simplement !

Si tu résistes moins de cinq minutes, ton cas est vraiment désespéré. Si tu tiens le coup plus d'une demi-heure, tu as peut-être une chance de t'en sortir ! En attendant, bon courage...

10 Bilan

Du vent dans les voiles...

VITESSE

RECHERCHE

1 Voici, avec sa légende, une gravure représentant les voiles d'un vaisseau de 74 canons en 1770.
Arthur a glissé des noms de voiles dans des phrases qui n'ont pas toujours de rapport avec la navigation.
Repère ces mots et, pour chaque phrase, indique le numéro de la voile et la lettre du mât auquel il correspond.

1 Ce petit perroquet répète tout ce que je dis.

2 On dit que la perruche est un oiseau très amusant.

3 Misère, mais ne confondez pas misaine et migraine !

4 Au zoo j'ai vu un grand perroquet qu'on appelle un ara.

5 Je n'ai jamais vu de petit hunier sur un grand prunier !

6 Une civadière et une civière, ce n'est pas la même chose.

7 La grand-voile est la plus grande voile d'un bateau.

8 Tu me parles d'un perroquet de fougue, pourquoi pas de raton laveur ? Je ne comprends rien.

VOILE	MÂT

NOMS DES VOILES

17. Grand foc
18. Petit foc
19. Civadière
20. Petit perroquet
21. Petit hunier
22. Misaine
23. Voile d'étai de grand hunier
24. Grande voile d'étai
25. Grand perroquet
26. Grand hunier
27. Grand-voile
28. Voile d'étai de perroquet de fougue
29. Voile d'étai d'artimon
30. Perruche (d'artimon)
31. Perroquet de fougue
32. Artimon

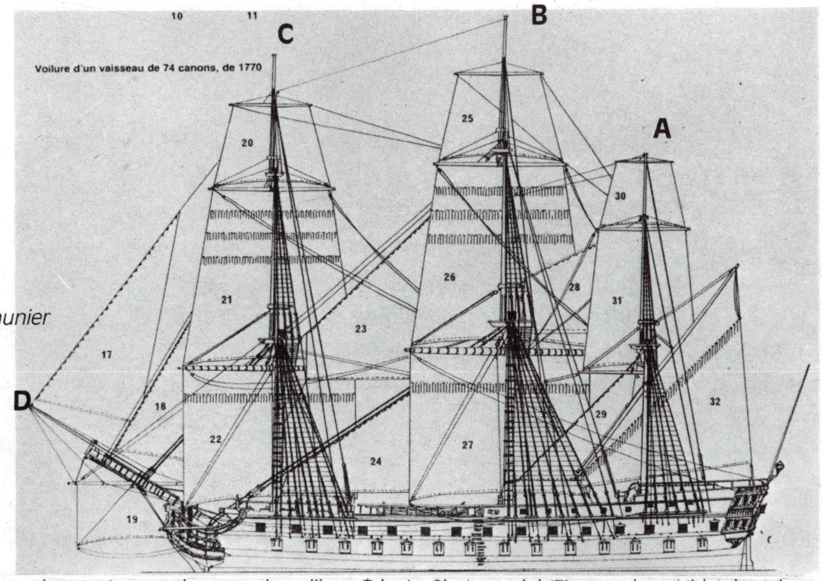

Eric Abramson *La Vie marine au temps des grands voiliers*, Ed. du Chat perché/Flammarion, L'histoire vécue.

C'est la chenille qui redémarre...

VITESSE — COMPRÉHENSION

◆ **2** **Chaque chenille transporte des mots. Sépare chaque mot d'avec ses voisins en traçant une barre verticale.**
La première chenille est donnée en exemple.

1

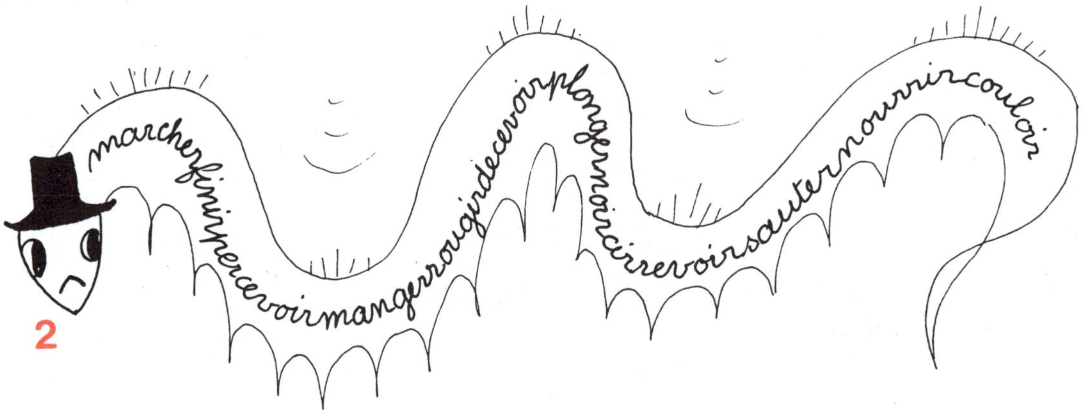

2

3

♦ **3** **Même consigne que précédemment.**

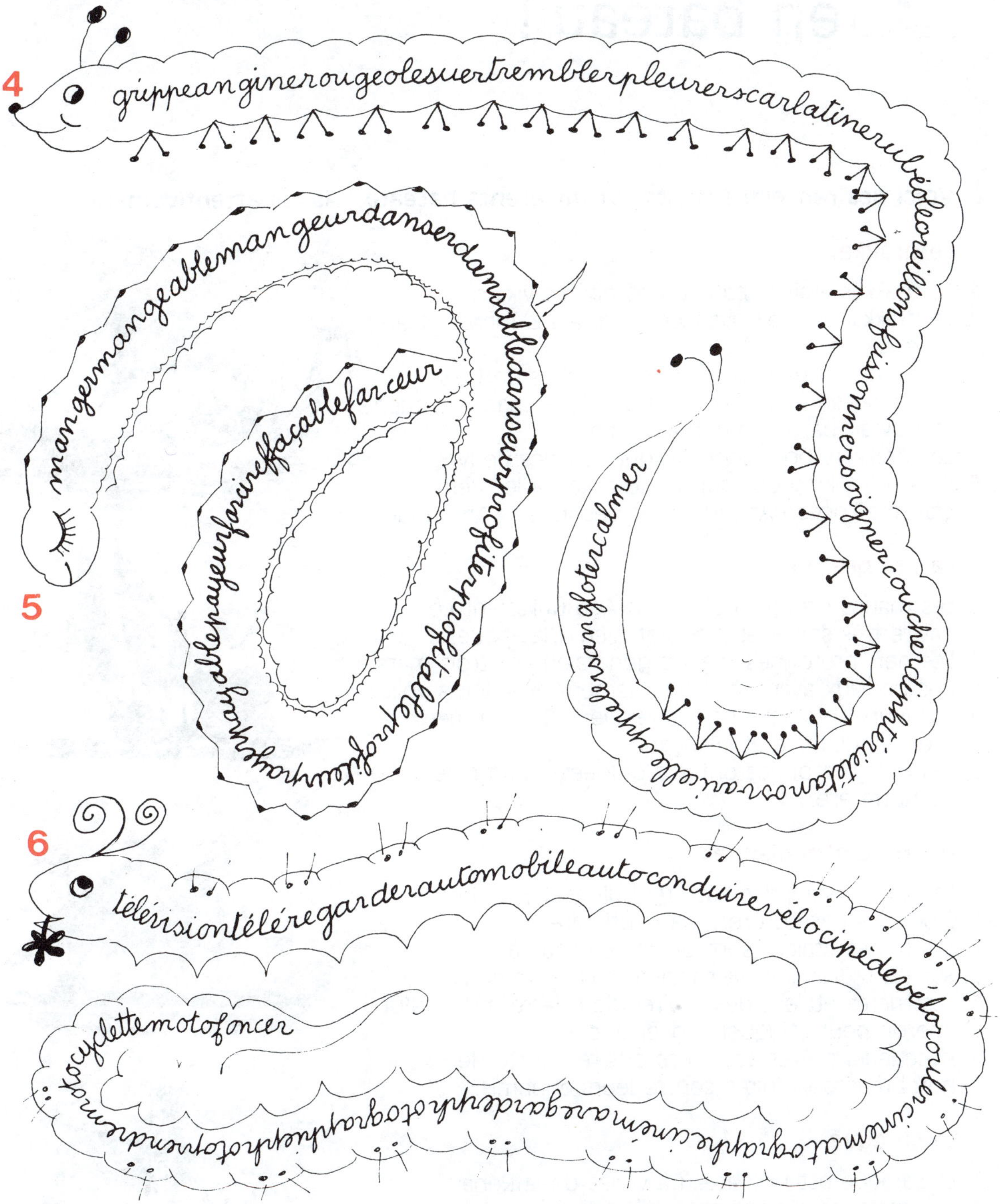

♥ **4** **Colorie en rouge la tête de la chenille si les mots obéissent à une logique particulière.**
Dans l'exemple (page 108), la logique est : un nom d'animal, un véhicule, un nom d'animal, un véhicule, un nom d'animal, un véhicule, etc.

♣ RECHERCHE Arthur vous mène en bateau !

5 **Voici des renseignements sur différents bateaux. Lis-les attentivement.**

Le drakkar

1 Le drakkar était le bateau des pirates vikings.
2 Le drakkar pouvait avancer grâce à ses rames et à sa voile carrée.
3 La coque du drakkar était en planches de bois assemblées « à clin », c'est-à-dire que chaque planche recouvrait partiellement la suivante.
4 Les drakkars pouvaient naviguer sur les fleuves.
5 C'est un Viking qui, sur son drakkar, a le premier traversé l'océan Atlantique et découvert l'Amérique.

La nef bretonne

1 Les marins bretons du Moyen Âge utilisaient ce navire très solide et résistant bien à la vague.
2 Les nefs bretonnes avaient généralement trois mâts.
3 Ces bateaux avançaient uniquement avec leurs voiles.
4 Sur leurs nefs, les Bretons faisaient du commerce avec l'Angleterre et l'Espagne.
5 Les nefs bretonnes ont été utilisées à partir de 1050 de notre ère.

La trière athénienne

1 Les trières sont des bateaux utilisés il y a plus de 2 000 ans par les Grecs de l'Antiquité.
2 Les trières étaient surtout des bateaux à rames.
3 Sur les trières il y avait trois rangs de rameurs.
4 Les trières étaient des navires de guerre munis d'un éperon pour attaquer l'adversaire.
5 Avec leurs trières, les Grecs ont remporté de nombreuses victoires contre leurs ennemis.

La caraque

1 La caraque est un bateau à voiles de la Renaissance.
2 Les caraques avaient en général quatre mâts.
3 Les caraques étaient armées de canons.
4 Certaines caraques pouvaient transporter plus de cinq cents passagers.
5 Les caraques fabriquées à Gènes et à Venise, en Italie, étaient les plus solides et les plus rapides.

Le bateau égyptien

1 Les bateaux égyptiens naviguaient il y a plus de 3 000 ans.
2 Les Égyptiens les utilisaient pour transporter des passagers et des marchandises sur le fleuve Nil.
3 Avec leurs bateaux, ils ont fait le tour de l'Afrique.
4 Les bateaux des Égyptiens sont à fond plat.
5 Le bateau Égyptien n'a qu'une voile.

6 Quand deux renseignements qui correspondent au même bateau se croisent, tu entoures, dans le tableau, la lettre située au point de rencontre. Le premier est donné en exemple.

	C'était avant tout des bateaux à rames.	On utilisait ces bateaux il y a plus de 3 000 ans.	Ce bateau pouvait transporter 550 passagers.	Avec son éperon ce bateau coulait ses adversaires.	Avec ces bateaux, les Bretons commercaient avec l'Espagne.	Le propriétaire d'un de ces bateaux a découvert l'Amérique.
Les Grecs de l'Antiquité utilisaient ce bateau.	I	F	T	É	R	O
La coque de ce bateau était assemblée « à clin ».	I	O	U	R	B	E
Ces bateaux avaient un fond plat.	F	A	R	E	R	O
Ce navire solide était utilisé au Moyen Âge en Bretagne.	L	E	I	N	R	S
On trouvait trois rangées de rameurs.	G	M	I	R	L	A
C'est en Italie que les meilleurs de ces bateaux étaient construits.	C	P	L	È	N	A

Avec les lettres entourées tu peux écrire le nom du bateau-mystère

C'est une ____________________

Une bonne glissade

VITESSE

7 **Coche, le plus rapidement possible, l'onomatopée qui convient.**

L'étang était gelé depuis quelques jours. Il faisait un temps superbe mais particulièrement froid.

- ☐ Râhhhh !
- ☐ Hmmmmm !
- ☐ Brrrrr !

fit Arthur en sortant le nez dehors, puis il poussa un

- ☐ Ha !
- ☐ Bleurk !
- ☐ Slurp !

de satisfaction ; il allait enfin essayer les patins à glace que ses parents venaient de lui offrir pour Noël.

Seulement voilà, comment être sûr que la glace est assez solide ? Car il n'est pas question de s'aventurer sur l'étang gelé sans savoir comment la surface réagit.

- ☐ Tap ! tap ! tap !
- ☐ Bzzzzzzzzzzzz...
- ☐ Ding ! ding ! ding !

Arthur tape prudemment du bout du pied. Ça résiste. Il tape à nouveau, un peu plus fort cette fois-ci :

- ☐ Ziiippp !
- ☐ Tututututttt !
- ☐ Boum ! boum ! boum !

La glace résiste toujours ! Arthur veut en avoir le cœur net, il ramasse une énorme pierre et

- ☐ Broum !
- ☐ Vlan !
- ☐ Ron ! Ron !

la lance sur la surface de l'étang. La pierre ne fait pas même une petite entaille dans la glace, elle rebondit et s'éloigne en glissant

- ☐ Ziiip !
- ☐ Fttt !
- ☐ Flop !

- ☐ Bing !
- ☐ Bof !
- ☐ Ouf !

se dit Arthur, tout à fait rassuré. Il chausse alors ses patins et s'élance sur l'étang.

- ☐ Ziiiooouuu...
- ☐ Tacatacatac...
- ☐ Patatrac...

glisse sur la glace, fait des pirouettes, s'élance à nouveau, tourne et virevolte... Quel délice ! Il fait un tour, un autre et

- ☐ Clac !
- ☐ Rinng !
- ☐ Splaf !

s'étale de tout son long sur la glace ! Quelle

chute ! Il se relève, sonné par le choc quand, soudain,
- □ Pchhhhhh !
- □ Hop ! Hop !
- □ Craaaaacccc !

un sinistre craquement se fait entendre le long de la glace. Arthur tente de glisser le plus vite possible vers la berge
- □ Ziiiooouuu…
- □ Tic ! tac !
- □ Dong ! Dong !

mais la glace se fendille
- □ Cric ! Cric !
- □ Crrrraaaaccc…
- □ Hin ! hin ! hin !

sous ses patins. Il glisse à perdre haleine
- □ Heuuuu… Fffff…
- □ Ha ! ha ! ha !
- □ Vroum ! vroum !

, respirant par saccades, affolé… Soudain, dans un vacarme inouï, l'étang gelé craque de toutes parts et Arthur
- □ Cic !
- □ Plouf !
- □ Bing !

tombe à l'eau.

Après l'avoir repêché, son père lui dit en souriant : « Sais-tu ce qu'on entendait lorsque tu étais en train de couler ?
- □ Pin ! pon ! pin ! pon !
- □ Ding ! ding ! dong !
- □ Glou ! glou ! glou !

on aurait dit une grenouille qui s'enfonçait dans la boue ! »

Sa petite sœur, qui ne manquait pas une occasion de se moquer de lui, ajouta aussitôt : « Et quand on t'a sorti de l'eau on aurait cru un festival de castagnettes !
- □ Tibadim boum !
- □ Zin zin zoum !
- □ Clac ! clac ! clac !

Mais ce n'était que tes dents qui claquaient comme des glaçons », ajouta-t-elle en riant
- □ Ha ha ha ha…
- □ Aïe Aïe Aïe…
- □ Hop hop hop…

MÉMOIRE VITESSE COMPRÉHENSION

Le conte du Petit Méchant Gel

◆ **8** **Lis ce texte le plus vite possible.**
Entoure, dans la marge, le mot qui correspond au mot masqué.

Méchant	Il était une fois un Grand ████ Gel qui avait de grandes dents de glace et un rejeton de fils qu'on nommait Petit Méchant Gel. Et ce marmot aux que-	méchoui
particulièrement	nottes en stalactites était ████ vantard, plus vantard qu'on ne pourrait le croire ! Un jour, il dit : – Mon père vieillit, il fait bien mal son travail. Son cœur	prudemment
jeune	de glace s'adoucit. Moi, je suis ████ et puissant. Je pourrais geler les hommes bien mieux qu'il ne fait ! Personne ne pourrait se sauver, personne ne pourrait	jeûne
m'échapper	████ ! Tout le monde je vaincrais.	m'écharper
→	Alors Petit Méchant Gel sortit du château de glace et se mit à chercher quelqu'un à geler. Sur la route, il vit venir	
salaire	à lui un ████ pansu, lippu, dodu, affalé dans un chariot traîné par un gros cheval richement harnaché. Petit Méchant Gel regarda le seigneur couvert de pe-	seigneur
chaudement	lisses, de fourrures, botté ████ et se mit à rire de son ricanement de glaçons entrechoqués. – Tu peux t'emmitoufler tant que tu voudras, tu ne m'échapperas pas !	chichement
précipita	Petit Méchant Gel se ████ sur le seigneur, l'ongle haut, et se mit à le pincer au bleu, tant et plus, se glissant sous les fourrures, pénétrant dans ses moufles,	précipice
col	rampant dans son ████ ; il lui tordait le nez, lui mordait les oreilles. Le seigneur claquant des dents ordonna à son serviteur	sol
l'armure	d'accélérer ████. – Sans quoi, je vais geler, se mit-il à crier. Hilare et triomphant, Petit Méchant Gel l'importunait plus encore.	l'allure
taire	Le seigneur ne sait que ████ Il se pelotonne, se couvre, s'emmitoufle. – Plus vite ! Plus vite ! ne cesse-t-il de hurler... Puis il	faire
môme	cesse ████ de crier. Il a le gosier gelé. Ce n'est plus un gosier, c'est un igloo. Et lorsqu'il arrive chez lui, on le descend tout raide	même
bonhomme	comme un ████ de neige. ←	bonhomie

	Aussitôt Petit Méchant Gel, le torse bombé, s'en vient	
	trouver son père, le Grand Méchant Gel.	
travail	– Non mais, t'as vu le ____ ! Vois comme je suis fort !	travers
	Regarde quel seigneur j'ai gelé !	
salit	Grand Méchant Gel ____ et dit :	sourit
	– Tu es, mon petiot, un bougre de vantard ! Tu ferais	
	mieux d'attendre avant de louer tes forces et ton	
gosse	audace. C'est vrai, tu as gelé cette ____ outre de	grosse
	seigneur, tu t'es glissé sous ses manteaux. Tu l'as	
	mordu là où il faut. La belle affaire ! Tu vois ce paysan	
maigre	tout ____ et sa tunique trouée ?	minime
	– Je le vois.	
	– Ce paysan va fagoter et couper du bois en forêt.	
	Suis-le donc. Essaie de le geler. Si tu y arrives, alors je te	
alors	croirai ____ tu me diras que tu es réellement fort !	lorsque
	– Soit ! répondit Petit Méchant Gel.	
	Il tourbillonna et courut sus au paysan. Arrivé près de	
	lui, il l'attaqua sans attendre et se mit à le transir ;	
	bondissant d'un côté, de l'autre, chopant les mollets,	
bolée	giflant le visage, à toute ____. Mais le pauvre hère ne	volée
	cessait d'avancer, tête basse, épaules rentrées.	
	Bientôt ils arrivèrent dans le bois silencieux et l'homme,	
poignée	saisissant sa ____ se mit à couper sapins et bouleaux	cognée
	et les copeaux de voler de tous côtés !	
bondit	Petit Méchant Gel ____ sur sa proie de toute sa colère	recula
	glacée. Il pinçait la main, croquait les doigts, les pieds, se	
	glissait dans le col pour étreindre les reins. Et plus le	
	vilain diable faisait d'efforts, plus le paysan cognait,	
coupait	frappait, ____. Suant et transpirant, il s'est si bien	courbait
	réchauffé qu'il a ôté ses moufles.	
	Petit Méchant Gel pendant encore fort longtemps a	
alarmé	____ le paysan, à la fin il s'est fatigué.	attaqué
	– Tant pis, a-t-il déclaré, de toute façon, je te vaincrai.	
gérer	Tu peux faire le brave, je t'aurai. Je vais ____ tes os,	geler
	lorsque tu vas rentrer chez toi !	
	Il s'est précipité sur les moufles trouées et sournoi-	
	sement s'y est glissé. Une fois installé, il s'est mis à	
le croquer	____ :	se moquer
	– Voyons un peu comment ce maroufle arrivera à	
	enfiler ses moufles. Elles sont si dures qu'on ne pourrait	
enfiler	y ____ un doigt !	retirer
	Petit Méchant Gel, assis dans les grossiers et pauvres	
	gants, attend que le paysan ait terminé son labeur.	
garnir	Enfin lorsqu'il a coupé de quoi ____ une semaine	partir
	l'âtre, il ligature le tas...	
	– Maintenant, dit-il, je puis rentrer chez moi.	
veut	Il prend ses moufles et ____ les enfiler mais elles sont	peut
	aussi dures que du fer.	

– Que vas-tu donc faire ? se dit en ricanant Petit Méchant Gel.

pouvait — Lorsqu'il vit qu'il ne ████ les mettre, le paysan se mit à les frapper à coups de hache afin de les assouplir. — savait

Il frappa si fort, le paysan, que Petit Méchant Gel sortit de là à peine vivant.

Le paysan chez lui s'en alla, son bois sur le dos.

Petit Méchant Gel est rentré en geignant chez son père.

Quand Grand Méchant Gel le vit, à rire il se mit :

facile — – Mais dis-moi, puissant et ████ fiston, te voilà bien mal arrangé ! Qu'as-tu ? Pourquoi geins-tu ? — terrible

– Ce rustaud m'a frotté les côtes, et comment !

auparavant — – Tu le sauras ████ : on peut facilement vaincre les seigneurs fainéants, mais point les paysans. Souviens-t'en ! — dorénavant

Pierre du Bois, *l'Almanach sorcier*,
Col. L'ami de Poche, Castermam.

♥ **9** **Voici une liste d'adjectifs. À qui appartiennent-ils : au Petit Méchant Gel, au seigneur ou au paysan ?**
Mets la lettre qui correspond à chaque personnage dans la case prévue à cet effet.

Le Petit Méchant Gel : **a** ; le seigneur : **b** ; le paysan : **c**.

☐ maigre	☐ suant	☐ lippu	☐ hilare	☐ vantard
☐ terrible	☐ fainéant	☐ dodu	☐ méchant	☐ transpirant

♠ **10** **<u>Sans revenir au texte</u>, entoure le mot qui correspond exactement à l'histoire que tu as lue.**

1 Le Petit Méchant Gel arrive à geler le seigneur < malgré / grâce à > ses vêtements chauds.

2 < Plus / Moins > le paysan travaille, et < plus / moins > il a froid.

3 Quand le seigneur arrive chez lui, il ne parle plus, < sinon / car > son gosier < va geler. / est gelé. >

4 Plus / Moins — le seigneur a froid, plus / moins — le Petit Méchant Gel l'attaque.

5 Le paysan finit par ôter ses moufles, tellement / pourtant — il a chaud.

6 Le paysan frappe ses gants à force de / afin de — les assouplir.

7 Le Petit Méchant Gel n'est pas arrivé à geler le paysan, parce qu' / pourtant — il s'est donné bien du mal.

⑩

♠ **11** **Relis attentivement le passage où le Petit Méchant Gel s'attaque au seigneur (entre les deux flèches : → et ←).**

♠ **12** **<u>Sans revenir au texte</u>, complète le résumé ci-dessous en te servant des mots de la liste et en restant fidèle au texte. Attention, la moitié d'entre eux sont des intrus.**
Note le numéro du mot dans la case ; barre le mot dans la liste. Le premier est donné en exemple.

Le [11] arrive dans un chariot tiré par un [ ] richement [ ]. Aussitôt, le [ ] Méchant Gel se jette sur lui, le [ ] au bleu. Le seigneur, [ ] des dents, ordonne à son [ ] d'accélérer. Il a si [ ] qu'il ne peut [ ] plus crier. Il a le gosier gelé. Ce n'est plus un [ ] c'est un [ ]. Quand il arrive [ ] lui on le descend tout [ ] comme un [ ].

1 : raide	**2 :** pince	**3 :** même
4 : chariot	**5 :** cheval	**6 :** chez
7 : serviteur	**8 :** Petit	**9 :** igloo
10 : gosier	**11 :** ~~seigneur~~	**12 :** froid
13 : harnaché	**14 :** claquant	**15 :** bonhomme de neige

11

Le vilain petit canard

VITESSE

1 Dans ces familles de mots, barre le plus vite possible le « vilain petit canard ». Attention, il peut y avoir plusieurs mots intrus dans chaque liste.

1 FIL / FILER / FILLE / FILET / ENFILER /

2 LAIT / LAITIER / LAITUE / LAITERIE / LAITAGE /

3 PEINDRE / PEINTURE / PEINTRE / PEINE / PEINTURLURER /

4 FORME / FORMAT / FORMER / DÉFORMER / FROMAGE /

5 SEL / SALE / SALÉ / DESSALER / SABLÉ / SALINS /

6 TAILLER / TAILLEUR / TAILLIS / TAILLE-CRAYON / TALER /

7 TACHE / TACHETER / TORCHE / TACHER / TOUCHER /

2 Même consigne que précédemment.

1 CHAR / CHARRUE / CHARME / CHARIOT / CHARRETTE /

2 COMMANDE / COMMENT / COMMANDO / COMMANDEUR / COMMANDANT /

3 COMPTER / COMPTE / CONTE / COMPTABLE / COMPTANT /

4 BARBE / BARBICHE / BARBIER / BARBICHETTE / BARBECUE / BARBU /

5 FERMER / FERMOIR / ENFERMER / FERMETURE / FERMENTER /

6 VIELLE / VIEUX / VIEILLE / VIEILLIR / VIEILLESSE / VEILLER /

7 PLUME / PLUCHER / PLUMER / DEPLUMÉE / PLUMAGE /

Les expressions étoilées

COMPRÉHENSION

3 **Entoure, rapidement, l'expression intruse de chaque étoile.**

1 LES FRUITS

l'avocat d'Israël
le régime de bananes
la pomme d'Adam
la pêche de vigne
la fraise des bois
les cerises de Montmorency

2 LA MÉTÉOROLOGIE

un coup de vent
une giboulée de grêle
une plaque de verglas
un éclair de chaleur
une tempête de neige
un tonnerre d'applaudissements

3 LA MUSIQUE

la grosse caisse
la flûte traversière
le cor d'harmonie
le piano à queue
batteur électrique
le violon alto

4 À TABLE

un verre à pied
une serviette de table
une nappe de brouillard
un verre de cristal
une carafe d'eau
une assiette de porcelaine

5 LA COUTURE

une fermeture Éclair
un ourlet de pantalon
une machine à coudre
un bouton de fièvre
une bobine de fil
une reprise de chaussette

4 Même consigne que précédemment. Attention au piège !

1

scier du bois

raboter une planche — planter un clou

LE BRICOLAGE

découper de la tôle — souder une barre de fer

couper la parole

2

la terre du jardin

l'engrais pour le sol — la clé de sol

LE JARDINAGE

les oignons de tulipe — le parterre de fleurs

les graines de salade

3

un bras de mer

une tête de cochon — un doigt de porto

LE CORPS

un œil de bœuf — un pied de nez

un dos d'âne

4

un oiseau dans la cage

un chien dans la niche — un ours dans la tanière

CHACUN CHEZ SOI !

un chat dans la gorge — un lapin dans le terrier

un poisson dans l'eau

5

un coup de pied

un coup de poing — un coup de marteau

AIE...

un coup de bâton — un coup de fil

un coup de fouet

Mot à mot...

RECHERCHE

5 **Les phrases suivantes ont été extraites de la page de dictionnaire reproduite page 122.**
Note le mot qui correspond à chaque phrase dans la case prévue à cet effet. Le premier est donné en exemple.

1 Des objets ou vêtements de sport .... article

2 Le journal local a consacré un article à l'inauguration de notre école.

3 L'arrière du bateau a été enfoncé lors d'un accident en mer ....

4 Les renards ont l'art de tromper les chasseurs ....

5 La pomme a une forme arrondie ....

6 Il immobilise, stoppe ....

7 La rue principale ....

6 **Même consigne que précédemment.**

1 Il n'a pas voulu m'avouer la vérité ....

2 Ils pratiquent chacun un art ....

3 Ils travaillent pour eux-mêmes avec leurs propres outils ....

4 L'équipe de France a une bonne ligne d'arrières ....

5 Au Moyen Âge, les guerriers se protégeaient grâce à des armures ..

6 Une jointure qui unit deux os voisins ....

7 Ils l'ont capturé ....

8 Il va faire son service militaire ....

armée nom fém.

1. *L'armée défile le 14 juillet.* → les troupes militaires.
2. *Mon frère aîné part bientôt à l'armée, il va faire son service militaire.*
3. *Une armée de photographes attendait l'arrivée des actrices au festival de Cannes* → une foule, un grand nombre, une quantité de.

armoire nom fém.

Jacques range ses vêtements dans l'armoire.

armure nom fém.

Au Moyen Âge, les guerriers se protégeaient grâce à des armures → des cuirasses.

arracher [1] verbe

1. *Le jardinier arrache les mauvaises herbes du jardin.*
→ il enlève, ôte, retire.
2. *Je n'ai pas pu lui arracher la vérité.* → il n'a pas voulu m'avouer la vérité.

arranger [19] verbe

1. *Ils ont bien arrangé leur nouvel appartement.*
2. *Ça m'arrangerait que tu viennes demain.*
→ ça me conviendrait tout à fait.

arrêter [3] verbe

1. *Les policiers ont arrêté le voleur* → ils l'ont capturé.
2. *Chaque matin, il arrête sa voiture devant la boulangerie.*
→ il immobilise, stoppe.

arrêt, n.m. **1.** *Attends-moi à l'arrêt d'autobus.* **2.** *Une forte pluie a provoqué l'arrêt du match.*

arrière nom masc.

1. *L'arrière du bateau a été enfoncé lors d'un accident en mer.* ≠ l'avant.
2. *L'équipe de France a une bonne ligne d'arrières.*
→ de défenseurs. ≠ avant.

arrière, adj. inv. *Les roues arrière, les feux arrière d'une auto.*

arrondir [4] verbe

1. *Arrondissez les lèvres et dites « o ».*
2. *J'arrondis la somme de 14,93 F à 15 F.*

arrondi, e, adj. *La pomme a une forme arrondie.* → ronde.

art nom masc.

1. *De nombreuses œuvres d'art sont exposées au musée du Louvre.*
2. *Les renards ont l'art de tromper les chasseurs* ≃ adresse.

artère nom fém.

1. *Dans notre corps, le sang circule dans les artères et les veines.* → dans les vaisseaux sanguins.
2. *Cette grande rue est l'artère principale de la ville.*
→ la rue principale.

artichaut nom masc.

Certains artichauts peuvent se manger crus.

1. article nom masc.

1. *Ce magasin vend des articles de sport.* → des objets ou vêtements pour le sport.
2. *Le journal local a consacré un article à l'inauguration de notre école.*

2. article nom masc.

Le, la, les, un, une, des, du *sont des articles. Les articles se placent devant les noms.*

articulation nom fém.

Le coude est une articulation du bras, le genou est une articulation de la jambe. → une jointure qui unit deux os voisins.

artisan nom masc.

Le cordonnier, le maçon, le garagiste sont des artisans.
→ ils travaillent pour eux-mêmes avec leurs propres outils.

artiste nom masc.

Les sculpteurs, les musiciens, les peintres sont des artistes.
→ ils pratiquent chacun un art.

Dictionnaire actif, Nathan (p. 30, 31)

COMPRÉHENSION

D'un dictionnaire à l'autre !

7 **Voici des définitions extraites d'un autre dictionnaire.**
Cherche à quels mots de notre dictionnaire (page 122) elles correspondent.
Note ce mot dans la case.
Le premier est donné en exemple.

1 C'est un texte sur un sujet dans un journal .... [article]

2 Les chanteurs, les peintres et les comédiens en sont .... [ ]

3 Empêcher d'avancer, immobiliser, retenir .... [ ]

4 Rendre plus rond quelque chose de pointu .... [ ]

5 Meuble haut pour ranger les affaires .... [ ]

6 Légume vert avec un fond, un cœur et beaucoup de feuilles serrées les unes contre les autres .... [ ]

7 Rue principale d'une ville .... [ ]

8 **Même consigne que précédemment.**

1 Se dit d'un voleur que l'on met en prison .... [ ]

2 Retirer, enlever avec force .... [ ]

3 Ouvrier qui travaille pour son propre compte .... [ ]

4 Se dit pour « placer », « ranger », pour « remettre en état », « réparer » ou bien encore pour « convenir », « se mettre d'accord » .... [ ]

5 Costume en fer qui protégeait les chevaliers autrefois .... [ ]

6 Nom donné aux défenseurs dans une équipe de football .... [ ]

7 Bien mettre en ordre .... [ ]

VITESSE | COMPREHENSION

Modes d'emploi... mode d'emploi !

◆ **9** **Coche le numéro du document reproduit page 126-127 dans lequel tu peux trouver la réponse à chacune de ces questions.**

	Document 1	Document 2	Document 3
1 Quelle est l'adresse du musée d'Orsay ?			
2 Pourquoi la bande de mon magnétophone ne défile-t-elle pas ?			
3 Que faut-il faire quand la tête de lecture est encrassée ?			
4 Comment faut-il laver cette poupée ?			
5 À quelle heure commencent les visites guidées du musée d'Orsay ?			

◆ **10** **Note maintenant le numéro du document et la lettre du paragraphe où tu pourras trouver la réponse à ces questions.**

	Document 1	Document 2	Document 3	Paragraphe
1 Est-ce que je ne risque pas d'abîmer ses cheveux en les séchant au sèche-cheveux ?				
2 Est-il possible de prendre rendez-vous par téléphone pour les visites de groupe ?				
3 Quelle est la manœuvre à effectuer quand la faiblesse des piles déforme le son ?				
4 Par quel moyen de transport peut-on se rendre au musée d'Orsay ?				
5 Le moteur marche et pourtant il n'y a pas de son ; comment cela se fait-il ?				

♥ 11 **Coche la bonne réponse en t'aidant des documents reproduits page 126-127.**

1 Si tu te rends au musée d'Orsay le mercredi à 18 h 15, le musée est < fermé ☐. / ouvert ☐.

2 Si la cassette s'emmêle et que le type de cassette convient, c'est que les piles < sont ☐ / ne sont pas ☐ bien placées.

3 Pour que les vêtements de la poupée ne se froissent pas, il faut les ôter de la machine à sécher le linge < dès ☐ / avant ☐ qu'elle s'arrête.

4 On < peut ☐ / ne peut pas ☐ se rendre au musée d'Orsay en prenant le bus 68.

5 Quand on veut visiter le musée en groupe, il est < déconseillé ☐ / recommandé ☐ de prendre rendez-vous à l'avance.

♥ 12 **Même consigne que précédemment.**

1 Au cas où tu voudrais laver ta poupée à la machine, il serait < préférable ☐ / regrettable ☐ d'utiliser une lessive douce.

2 Si tu veux assister à une visite guidée, < tu ne peux pas ☐ / tu peux ☐ te rendre au musée le jeudi à 19 h.

3 Il arrive que < la cassette s'emmêle ☐ / la bande ne défile pas ☐ quand les piles sont trop faibles.

4 Il suffit d'essuyer la poupée avec un linge humide pour que < la plupart ☐ / la totalité ☐ des taches disparaissent.

5 Au mois d'août, le musée d'Orsay < ouvre ☐ / n'ouvre pas ☐ > avant 9 h.

Document n° 1

A Informations générales

Musée d'Orsay
62, rue de Lille
75007 Paris
tél. 45 49 48 14

répondeur informations générales : 45 49 11 11

Entrée principale : 1, rue Bellechasse.
Entrée des Grandes expositions du M'O : place Henry-de-Montherlant (sur le quai).
Entrée du restaurant après la fermeture du Musée : 62 bis, rue de Lille.

B Transports

— RER Ligne C. Station Musée d'Orsay.
— Bus : 84, 24, 68, 69 quai Anatole France 75, rue de Solférino.
84, 83, 63, 94 boulevard Saint-Germain.
68, 69, rue du Bac.
— Métro : Solférino : ligne 12.
— Taxis : rue de Solférino, quai Anatole France.
— Parc de stationnement : Deligny, Montalembert, Concorde, Invalides.

C Heures d'ouverture

— le mardi, mercredi, vendredi et samedi de 10 h à 18 h 00
— le dimanche de 9 h 00 à 18 h 00
— le jeudi de 10 h 00 à 21 h 45.
— Entre le 20 juin et le 20 septembre, le Musée ouvre à 9 heures.
— Fermé le lundi.

— Attention :
la vente des billets se termine à 17 h 15 (le jeudi 21 h 00).
La fermeture des salles débute à 17 h 30 (le jeudi 21 h 15).

D Visites

Visites guidées du Musée
tous les jours de 11 h 00 et 13 h 00 le jeudi à 19 h
« Une œuvre à voir » :
présentation d'une œuvre tous les jours à 12 h 30.
Rendez-vous au comptoir d'accueil des groupes 15 minutes avant le départ.

E Groupes

Répondeur information des groupes : 45 49 49 49.
Les groupes (30 personnes maximum) ont accès au Musée du mardi au samedi de 9 h 00 à 13 h 30 (14 h 15 pour les scolaires), le jeudi de 18 h 00 à 19 h 30.
Rendez-vous doit être pris en téléphonant au 45 49 45 46 le plus tôt possible avant la date souhaitée.

F Jeunes

Activités organisées pour les jeunes de 5 à 15 ans : Espace des Jeunes visiteurs. Accueil des enseignants, étudiants, lycéens, sur rendez-vous, en téléphonant au 45 49 48 14, poste 45.11 et 45.12. Visites de groupes scolaires : voir rubrique ci-dessus.
Un dépliant d'information est à la disposition des jeunes visiteurs et enseignants au comptoir d'accueil des groupes.

G Ressources documentaires

— Salle de consultation au-dessus du café des Hauteurs : vidéothèque, banque d'images, catalogues.
— Présentations audiovisuelles permanentes dans le parcours muséographique.

H Manifestations

Concerts, cinéma, conférences-débats et cours d'histoire culturelle dans l'auditorium du Musée et pour certains concerts, dans la Salle des Fêtes.

I Restaurant

Au niveau médian ouvert tous les jours midi et soir, fermé le dimanche soir et le lundi.

J Café des Hauteurs

Au niveau supérieur : heures d'ouverture du Musée.

Document n° 2

Vous trouverez ci-dessous des instructions d'entretien très simples pour que les poupées gardent tout leur éclat.

A Pour nettoyer les surfaces en vinyle
La plupart des taches disparaissent en les essuyant avec un linge humide. Pour celles qui résistent, il suffit de les vaporiser avec de la laque pour cheveux, puis de les essuyer, avant de les laver à l'eau et au savon.
NOTE : Certaines taches, telles que l'encre d'un stylo à bille, le feutre, le cambouis de voiture ou de vélo, certains crayons de cire, certains rouges à lèvres, peuvent pénétrer le vinyle irrémédiablement. Il n'existe actuellement aucun nettoyant pour enlever de telles taches.

B Pour laver la poupée en machine à laver
Si un nettoyage en surface reste insuffisant, il est possible de laver en machine les poupées en procédant ainsi :
1. Enlever les vêtements et glisser la poupée dans un sac à linge ou une taie d'oreiller avant de la mettre dans la machine.
NOTE : Pour une poupée avec cheveux implantés, lui brosser les cheveux pour enlever les nœuds éventuels et recouvrir sa tête d'un collant en nylon avant de la glisser dans le sac ou la taie.
2. Laver sur cycle délicat (eau tiède). Utiliser une lessive douce.
3. La poupée peut être séchée dans une machine à sécher le linge ; la sécher sur cycle délicat (toujours dans le sac ou la taie). Enlever la poupée dès l'arrêt de la machine, de préférence pendant qu'elle est encore humide.
NOTE : Il est préférable de laver et de sécher la

Document n° 3

A Problème de fonctionnement	B Cause	C Manœuvre à effectuer
La bande ne défile pas	Faiblesse des piles	Remplacez toutes les piles existantes par de nouvelles piles alcalines.
	Piles mal placées dans leur compartiment	Enlevez les piles et replacez-les comme indiqué dans le fond du compartiment.
	Le type de cassette utilisé ne convient pas	Vérifiez bien que la cassette n'est pas de type DIOXYDE de CHROME (CrO_2) ou METAL.
Son déformé ou très flou (le son était bon à l'origine mais il est maintenant déformé)	Faiblesse des piles	Remplacez toutes les piles existantes par de nouvelles piles alcalines.
	La tête de lecture est encrassée	Nettoyez la tête de la manière indiquée dans cette notice.
Pas de son alors que le moteur marche	Faiblesse des piles	Remplacez toutes les piles existantes par de nouvelles piles alcalines.
	Les piles ne sont pas placées correctement	Enlevez les piles et replacez-les comme indiqué dans le fond du compartiment.
La cassette s'emmêle	Les piles ne sont pas placées correctement	Enlevez les piles et replacez-les comme indiqué dans le fond du compartiment.
	Le type de cassette utilisé ne convient pas	Vérifiez bien que la cassette n'est pas de type DIOXIDE de CHROME (CrO_2) ou MÉTAL.
Les touches PLAY et RECORD ne fonctionnent pas	Faiblesse des piles	Remplacez toutes les piles existantes par de nouvelles piles alcalines.
	Les piles ne sont pas placées correctement	Enlevez les piles et replacez-les comme indiqué dans le fond du compartiment.
	Le type de cassette utilisé ne convient pas	Vérifiez bien que la cassette n'est pas de type DIOXYDE de CHROME (CrO_2) ou MÉTAL.
Si en suivant les indications ci-dessus, vous ne trouvez aucune solution à votre problème, veuillez vous référer aux conditions de garantie.		

Document n° 2

poupée avec du linge dans la machine pour amortir les chocs contre les parois.

C Entretien des cheveux

Les cheveux peuvent être essuyés avec un linge humide et séchés avec une serviette. Toutefois, pour de meilleurs résultats, suivre les indications ci-dessous :

1. Faire un shampooing à l'eau tiède avec un savon ou un shampooing très doux. Rincer abondamment.

2. Après le shampooing, enlever l'excès d'humidité avec une serviette en frottant bien les cheveux dans tous les sens pour leur rendre leur volume, les coiffer ensuite avec une brosse ou un peigne et les laisser sécher à l'air.

NOTE : Si vous utilisez un sèche-cheveux, utiliser la température la plus basse ; peigner les cheveux en les mettant en place pendant le séchage.

ATTENTION : Un sèche-cheveux trop chaud risquerait d'endommager les cheveux définitivement. Des barrettes, des élastiques, etc. utilisés sur cheveux humides ont tendance à les friser en séchant.

D Entretien des vêtements

Les vêtements peuvent être lavés à la main ou en machine.

1. Pour les laver en machine, sélectionner un cycle délicat (eau tiède) en utilisant une lessive douce.

2. Pour sécher en machine, sélectionner une température basse.

NOTE : Pour éviter qu'ils ne se froissent, enlever les vêtements de la machine à sécher le linge dès son arrêt.

12

♣ RECHERCHE ♥ COMPREHENSION

Des titres et des thèmes

♣ **1** **Voici la reproduction de la table des matières d'un livre de lecture (p. 129). Redonne à chaque lecture son numéro et sa page. Le premier est donné en exemple.**

	Lecture	N°	Page
1	La Quatrième Planète	**46**	**139**
2	Ma frégate	______	______
3	Les Fées	______	______
4	Marche dans l'espace	______	______
5	« Énergie retrouvée »	______	______
6	« Une fille »	______	______
7	En 2052	______	______
8	Trahison	______	______
9	Effrayante empreinte	______	______
10	Terre !	______	______
11	Les Premières Machines	______	______
12	Échec ou succès	______	______
13	« À la porte de Moscou »	______	______

♥ **2** **Arthur a trouvé des titres synonymes pour certaines lectures. Retrouve dans la table des matières (p.129) les numéros des titres transformés. Le premier est donné en exemple.**

1 « À l'entrée de la capitale de la Russie » : **79** (« À la porte de Moscou »)
2 Épouvantable trace : ______
3 Cinquante-deux ans après l'an deux mille : ______
4 Traîtrise : ______
5 L'Exercice de mathématique : ______
6 Étrange trouvaille : ______
7 Boisson miracle : ______
8 Promenade dans les étoiles : ______
9 Défaite ou triomphe ? : ______
10 « Rivage inhabité » : ______

TABLE DES MATIÈRES

TABLE DES THÈMES

♣ **3** **Observe attentivement la « table des thèmes » (p.129) puis donne à chacune des lectures ci-dessous le numéro du thème auquel elle appartient.**
Le premier est donné en exemple :

	TITRE DE LA LECTURE	NUMÉRO DU THÈME
1	En 2052	numéro **6**
2	« Là, aujourd'hui, s'élève Marseille »	
3	Naissance d'Hollywood	
4	« Côte déserte »	
5	Rencontre avec les Indiens Guahibos	
6	Tistou les pouces verts	
7	« Caverne glacée »	
8	« Le Jeune Homme à la corne de bicyclette »	
9	Feu !	
10	Satellite d'Adonis	
11	Terre !	
12	Le Rossignol	

♣ **4** **Quels sont les thèmes pour lesquels tu n'as aucune lecture ? Indique leur numéro.**

Thèmes numéros : ____________________

VITESSE COMPREHENSION

Au fil des phrases... Au fil de l'eau...

5 **Au fil de l'eau, les éléments des phrases d'Arthur se sont mélangés. Colorie, le plus vite possible, la phrase qui se cache dans chaque « rivière ». La première est donnée en exemple.**
Pour vérifier si ta phrase est bonne, lis-la à voix haute.

Première « rivière ».

La	manteau	**des**	mouches	**de pluie**	**dépend**	à	**leur**	**taille.**
Une	**vitesse**	alors	**gouttes**	de vent	dépense	**de**	votre	faille.
Ma	colère	chez	couches	de neige	défend	au	chaque	caille.

Deuxième « rivière ».

Car	petites	gouttes	la	sa	bruine	volent	à 3 ou 4	kg.
Les	charmantes	croûte	du	la	brise	caressent	à vapeur	km/h.
Dès	stupides	loupe	de	ma	bride	tombent	à cheval	ans.

Troisième « rivière ».

Oh !	grosses	tempêtes	du	l'averse	grimpent	de	il ou elle	litres.
Les	gosses	accalmies	des	l'avril	dégringolent	en	30 ou 40	km/h.
Ouf !	fosses	gouttes	de	l'armée	traversent	à	toi ou moi	m^2.

6 **Coche le titre qui convient le mieux pour ces trois rivières.**

a ☐ Il pleut, il mouille !
b ☐ La vitesse des gouttes de pluie.
c ☐ Un, deux, trois, soleil !

7 **Colorie, le plus vite possible, la phrase qui se cache dans chaque « rivière ».**

Quatrième « rivière ».

Au	fond de la cour	lors	des	coléreuses	montagnes	la mer →
Si	bout de la rue	là	ma	grandes	forêts	la mie →
Car	Mont-Saint-Michel	puisque	sur	fatiguées	marées	la mèche →

→ gronde	à	30 km/h.
→ monte	au	30 ans.
→ bouche	de	30 enfants.

Cinquième « rivière ».

On	lit	alors	que	se recule	à	la chaleur	d'une	placard →
Ils	dit	hélas	qu'elle	se déplace	du	la couleur	d'un	drapeau →
Puis	vit	pourtant	quand	s'avance	de	la vitesse	des	cheval →

→ au galop !
→ au bureau.
→ à l'arrêt.

(Suite page 132)

Sixième « rivière ».

Pourquoi	les	vagues	les pires	perdues	sont	celui →
Sur	le	voiles	l'été	monumentales	font	ceux →
Mais	la	villes	les plus	humides	ont	celles →

→	des	rats des villes.
→	dans	raz-de-marée.
→	donc	rats des champs.

Septième « rivière ».

Elles	veulent	avancer	dans	700 kilogrammes	c'est-à-dire	→
Ils	peuvent	augmenter	à	700 jours	c'est faux	→
Je	savent	parcourir	par	700 km/h	c'est à moi	→

→	200 sec/mètre.
→	200 m/seconde.
→	200 jours/an.

Huitième « rivière ».

Ces	raz-de-marée	front	trafiqués	par	de	vers de terre	→
Mes	loups de mer	font	provoqués	peur	dès	tremblements de terre	→
Chez	ras-le-bol	sont	paniqués	pire	des	mottes de terre	→

→	sous-sol et	déshabille	tout	mur	leur	passage.
→	sous le toit et	détrompe	fou	dur	mon	paysage.
→	sous-marins et	détruisent	mou	sur	long	passage.

D'après Sylvie Grunenwald, *Les Records de vitesse*, Nathan, 1980.

♥ **8** **Coche le titre qui convient le mieux pour les rivières 4 à 8.**

a ☐ Les colères de ma mère.
b ☐ Les colères de la mer.
c ☐ les colères de la pluie.

♥ **9** **Relis maintenant les huit rivières et entoure le numéro du résumé qui convient le mieux au texte qu'elles forment.**

Résumé 1

On parle souvent des records de vitesse des champions et l'on oublie ceux de la nature. Si l'on observe la vitesse des gouttes de pluie, des animaux et du vent, on se rend compte que la nature est, elle aussi, une championne !

Résumé 2

On parle souvent des records de vitesse des champions et l'on oublie ceux de la nature. Si l'on observe la vitesse des gouttes de pluie, des vagues au Mont-Saint-Michel au moment des grandes marées ou de la lave en fusion, on se rend compte que la nature est, elle aussi, une championne !

Résumé 3

On parle souvent des records de vitesse des champions et l'on oublie ceux de la nature. Si l'on observe la vitesse des gouttes de pluie, des grandes marées ou des vagues monumentales des raz-de-marée, on se rend compte que la nature est, elle aussi, une championne !

VITESSE

Le biin magique

10 **Lis ce texte, le plus vite possible, sans faire attention aux mots dans les marges. Essaye seulement de reconstituer les mots masqués.**

Les « charmeurs de serpents », voyagent à travers	couleurs
l'immensité de l'Inde... Un jour l'un d'eux arrive dans	
un pays étrangement silencieux.	gris.
S'il n'avait joué de son biin en marchant, il aurait	utilisé
remarqué que personne n'y chantait. La Reine était	peignait
juste et elle veillait au bien-être de son peuple, mais	
elle était malade. Elle avait interdit toute musique	peinture
dans son royaume. « Pour ne pas se rappeler	
combien elle a aimé danser lorsqu'elle était petite	dessiner
fille », chuchotent les vieux courtisans. Mais les	
jeunes ne savent même pas ce que sont chansons et	huiles et
danses, car les instruments de musique ont été	aquarelles tableaux
brûlés, oubliés ou cachés depuis si longtemps...	
À la sortie du premier village, des gardes entourent	
le joueur de biin, le ligotent et le jettent en prison.	peintre
– Que me reproche-t-on ? Je n'ai rien fait de mal !	
Le geôlier soupire en lissant sa barbe blanche. Il se	
souvient du temps jadis, lorsque baladins et	peintres
chanteurs parcouraient les routes.	et dessinateurs
Il défait les liens du prisonnier.	
– Malheureux ! Ici, la musique est punie de mort,	peinture
explique-t-il. Lorsqu'on t'emmènera devant la Reine	
pour être jugé, jette-toi à ses pieds, dis que tu ne	
connais pas nos lois... peut-être t'épargnera-t-elle...	
Le charmeur de serpents secoue la tête. Lorsque les	couleurs
gardes viennent le chercher, il se redresse et insiste	
pour emmener son biin dans la salle du trône.	
La Reine en pâlit de colère.	
– Comment oses-tu désobéir à mes ordres ?	
– Majesté, cet instrument est enchanté. Sa	ce pinceau
musique fait revivre. Devant vous, permettez-moi	couleur
d'en jouer et vous verrez vous-même.	de m'en servir
– Soit, dit-elle. Tu sais que si tu mens, ta tête	
roulera sur la place du marché ?	
– Je le sais, Majesté. Et je ne mens pas. Mais j'aurai	
besoin de percussions pour m'accompagner.	d'une palette et de vives couleurs

– Il y en a peut-être au fond de la prison, dit le	
vieux geôlier.	
Il court en chercher, et revient, hors d'haleine, avec	
un tabla et un dholak tout couverts de poussière.	pot de bleu et un de rouge
– Je n'ai pas trouvé de thoumba, Majesté, ni de	vert
dhambi... et même ces deux	jaune
tambours-ci, personne ne sait en jouer.	couleurs-ci, personne ne
	sait plus les mélanger.
– Place-les devant le baladin, ordonne la Reine. Si	
son biin est vraiment enchanté...	
Le charmeur de serpents sourit.	couleurs
Il souffle dans son biin.	fait danser
Une mélodie s'en détache, comme une bulle de	Un arc-en-ciel
rêve, s'élève comme un soleil matinal.	
Aubade qui gonfle comme le vent dans les voiles	Aquarelle
d'un navire, fait rosir les joues des suivantes, briller	
les yeux des jeunes courtisans, glisser une larme sur	
la face rugueuse du geôlier.	
Chant du matin, oiseau qui s'envole, pluie	Dessin
tambourinant sur les feuilles desséchées. Joie qui	colorée
monte comme la sève dans l'arbre, se glisse dans le	
regard de la Reine... Le visage figé sourit.	
Les doigts paralysés... c'est à peine croyable...	
commencent à battre la mesure...	à reprendre couleur...
La Reine s'est levée. Elle frappe des mains. Elle	
s'avance vers le musicien, rayonnante.	peintre
– Ton biin est vraiment enchanté, baladin, et	
toi-même, tu ne charmes pas que les serpents. Ta	couleurs.
musique m'a guérie d'un mal qu'aucun savant n'a su	peinture
chasser. Je révoque ma loi : que ce pays résonne de	explose de
chants ! Je te pardonne d'avoir désobéi à mes	couleurs !
ordres, je t'en remercie même... et si tu les	
acceptes, voici ma main et mon royaume : sois donc	
roi à mes côtés !	
Le charmeur de serpents secoue la tête.	couleurs
– Vous me faites trop honneur, Madame : je ne suis	
qu'un simple joueur de biin. Mais, voyez-vous,	peintre
Majesté, la musique est comme le pain, on ne peut	peinture
vivre sans elle. Une Reine qui ose en priver tout un	
peuple a le cœur dur comme une pierre précieuse...	
et le mien est épris de liberté...	
Il s'incline, en serrant son biin sous le bras, et quitte	
le palais pour le marché, les routes, les villages : tant	
d'enfants assoiffés de musique l'attendent, tant de	peinture
tambours muets, tant de cœurs à faire revivre...	couleurs ternies

D'après *Contes de charmeurs de serpents, coll.*, Syros, 1987.

L'instrument magique

COMPRÉHENSION

VITESSE

Attention, dans les exercices suivants il peut y avoir plusieurs réponses pour une même question.

♥ **11** **À quel(s) thème(s) se rattachent tous les mots masqués du texte ? Coche le(s).**

a) ☐ la peinture.
b) ☐ la sculpture.
c) ☐ la littérature.
d) ☐ la cuisine.
e) ☐ la musique.
f) ☐ le cinéma.
g) ☐ la danse.
h) ☐ la photographie.
i) ☐ le chant.

♥ **12** **D'après le texte que tu viens de lire, le biin magique est :**

a) ☐ Une sorte de flûte dont se servent les charmeurs de serpents.
b) ☐ Une baguette magique dont se servent les charmeurs de serpents.
c) ☐ Un animal magique qui accompagnait les baladins.
d) ☐ Un instrument de musique indien.

« Tabla », « dholak », « thoumba » et « dhambi » sont des mots indiens qui servent à désigner :

e) ☐ Des instruments de torture interdits par la reine.
f) ☐ Des oiseaux apprivoisés qui accompagnaient les orchestres.
g) ☐ Des instruments de musique à corde.
h) ☐ Des percussions.
i) ☐ Des remèdes inventés par les savants de la reine.
j) ☐ Des huiles importées par le charmeur de couleurs.

♦ **13** **Maintenant, tu vas relire le texte en changeant le thème de l'histoire.**
Imaginons, par exemple, que le « biin » magique soit un « pinceau » magique. Il nous faut alors changer les mots de l'histoire qui ont trait à la musique par des mots en rapport avec la peinture.

Relis le texte en remplaçant les mots ou groupes de mots soulignés par ceux qui sont dans la marge.

♥ **14** **Et pourquoi ne pas construire ta propre histoire ? Imagine, par exemple, que la reine a interdit l'écriture, que le « biin » magique est un « stylo » magique... Il ne te reste plus qu'à changer les mots qui ont trait à la musique par des mots en rapport avec l'écriture.**
Essaye avec les cinq sens : la vue, l'ouïe, l'odorat, le toucher, le goût...

13

VITESSE | RECHERCHE

Pour mettre la main au moulin à poèmes

♦ **1** **Pierre Albert-Birot a dessiné cette main en écrivant un poème ; regarde-la attentivement.**

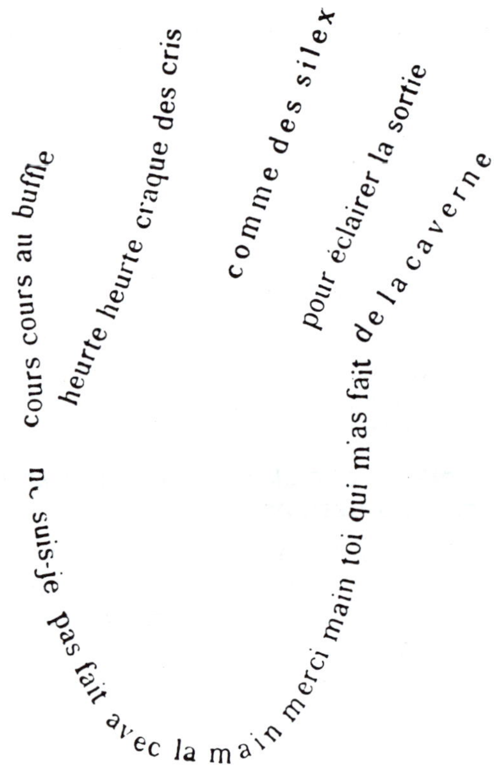

Pierre Albert-Birot
Silex, poèmes des cavernes,
Amusements naturels 1945
Rougerie Poésie 1945-1967.

Puis souligne, le plus rapidement possible, dans le texte suivant, tous les noms, adjectifs qualificatifs et verbes du poème qui y figurent.

UNE COURSE POURSUITE

« Cours, cours ! » lui cria son ami. Poursuivi par un buffle, Arthur se met à courir sans réfléchir. Il dévale la pente, se heurte aux arbres, se griffe contre les épines acérées comme des lames de silex... Au bout de quelques minutes, il finit par trouver refuge dans une caverne située en contrebas. Il tente de reprendre son souffle. Il a la main droite tout égratignée...

Ah ! pourquoi ne suis-je pas fait comme les oiseaux ? soupira-t-il. Je pourrais me débarrasser de cet animal têtu en m'envolant par-delà les montagnes... Au lieu de cela, il me faut m'enfoncer dans une caverne... et je n'ai même pas de lumière pour m'éclairer ! Mais comment vais-je donc retrouver la sortie ?

♣ 2 Maintenant regarde bien ce « moulin à poemes », pour le lire il faut commencer par le centre et tourner en rond »...

cent poèmes en grain moulus très fin font un excellent pain pour le déjeuner du matin dans le train ou dans le bain avec ou sans kaolin et ne coûte rien suffit d'avoir un moulin ce n'est pas malin et ça tourne bien à l'esprit de vin et même à la main

Pierre Albert-Birot
Silex, poèmes des cavernes,
Amusements naturels, 1945, Rougerie Cf. Poésie.

Souligne dans le texte suivant, tous les noms, verbes, adjectifs qualificatifs du « moulin » qui y figurent. Attention l'orthographe doit être la même.

UN RÉVEIL BIEN AGRÉABLE !

En se levant, Arthur se souvient que c'est l'anniversaire de sa maman.
— Chut, pas de bruit... je vais lui faire une surprise !
Il descend les escaliers en silence et se dirige vers la cuisine. Il sort le moulin à café et prépare un café bien chaud, grille des tartines croustillantes et se met à chercher le beurre...
— Ce n'est pas malin, on a oublié d'en acheter ! Tant pis, je prends le miel, ça suffira bien !
En remontant l'escalier, il entend le train qui passe au fond du jardin...
— Si elle n'est pas réveillée avec ça, pense-t-il, je veux bien prendre mon bain tout habillé !
Arrivé devant sa porte, il frappe, ouvre et dit joyeusement :
— Bon anniversaire !
Il pose le plateau délicatement sur le bord du lit puis ajoute :
— Connais-tu une belle histoire faite pour le petit déjeuner ?
— Non, répond-elle en souriant.
— Alors écoute : « Cent poèmes en grain moulus très fin... »
En récitant son poème, Arthur se met à tourner, à tourner... à en perdre l'esprit comme s'il avait bu du vin...
— Je suis saoul de mots drôlement malins, finit-il en éclatant de rire.

COMPRÉHENSION

Un air de famille !

3 **Souligne, dans chaque liste, les deux mots qui sont de la même famille (le sens et l'orthographe des mots peuvent t'aider si tu hésites). Attention aux pièges.**

Exemple : Voir, s'asseoir, préparer, prévoir, boire, regarder.

	A	B	C	D	E
1	feuille	terrain	allumer	habile	*vêtir*
2	arbre	masure	alouette	étoile	*verdir*
3	graine	jardin	éteindre	agile	*viande*
4	tulipe	futur	lumineux	hache	*lentement*
5	jardinier	coussin	destruction	malhabile	*survêtement*
6	granulé	grenier	méchanceté	débile	*pantalon*
7	fille	maison	incendie	maladroit	*justement*

	F	G	H	I	J
1	*semelle*	*vieux*	*sapin*	*bois*	*méchant*
2	*guignol*	*violon*	*pagaille*	*loi*	*difficile*
3	*ange*	*veiller*	*accordéon*	*royal*	*supermarché*
4	*rectangle*	*observer*	*compagnon*	*bocal*	*remarquer*
5	*étrangler*	*sous-sol*	*survivre*	*total*	*vendeur*
6	*angle*	*professeur*	*accompagner*	*toit*	*torturer*
7	*sanglant*	*surveillant*	*suivre*	*loyal*	*marchand*

4 **Même consigne que précédemment.**

	A	B	C	D	E
1	rang	voiture	loup	**lire**	ancien
2	sang	éventail	chien	**parler**	vieux
3	saler	venir	persil	**hurler**	jeune
4	piqûre	paille	chenil	**maudire**	nouveau
5	accident	automobile	chaîne	**bavard**	s'envoler
6	saigner	vantard	pioche	**dire**	renouveler
7	se baigner	foin	chat	**rire**	appeler
8	hôpital	vent	outil	**fuir**	chapeau

	F	G	H	I	J
1	*regarder*	crabe	*bataille*	*saleté*	*poing*
2	*admirer*	croquer	*torturer*	*mauvais*	*point*
3	*étudier*	crevasse	*liberté*	*impraticable*	*coin*
4	*voir*	vaste	*emprisonner*	*boueux*	*soin*
5	*boire*	accident	*libération*	*utile*	*vieillard*
6	*rétroviseur*	crevaison	*potion*	*pratique*	*renard*
7	*moteur*	camarade	*gardien*	*incertain*	*peignoir*
8	*affamé*	panne	*condamner*	*serviable*	*poignard*

Les liaisons dangereuses

VITESSE

5 Entoure, le plus vite possible, le mot de liaison qui convient.

LES OURS EN DANGER

1 Il y en a des ours dans le monde ! On pourrait penser qu'il est inutile de s'inquiéter pourtant / car la vie de certains ours devient de plus en plus difficile.

---

2 L'ours polaire a failli disparaître à cause de / à force de son beau pelage qui attirait beaucoup trop de chasseurs. Cependant, / En effet, grâce à des mesures énergiques, les ours blancs sont maintenant hors de danger.

---

3 Il y a bien longtemps, on trouvait des ours bruns dans toutes les montagnes françaises. Si / Or, depuis 1937, il n'y en a plus un seul dans les Alpes. En revanche / En somme il en reste quelques-uns dans les Pyrénées.

---

4 Les ours bruns s'attaquaient parfois aux troupeaux de moutons, c'est parce que / c'est pourquoi les bergers les ont chassés. De plus / De suite le développement des stations de sports d'hiver a contribué à la disparition des ours en France.

---

5 Cependant / Parfois l'ours le plus menacé dans le monde est le panda : il n'en reste pas plus d'un millier.

---

6 Si / Mais les hommes ne les protègent pas, les pandas ainsi que / tels que d'autres espèces animales, risquent de disparaître complètement de / sur la surface de la planète.

---

6 Même consigne que précédemment.

LES OURS AU QUOTIDIEN

1 L'ours polaire se nourrit essentiellement de poissons et de phoques. Le grand panda au contraire / en fait est complètement végétarien, il ne mange que du bambou.

---

2 D'ailleurs / Depuis c'est à cause de cela qu'il est en voie de disparition.
En exemple, / En effet, les forêts de bambous sont de plus en plus rares et le panda meurt avec elles.

---

3 Les ours ont une très mauvaise vue, par hasard / par contre ils ont un excellent odorat et détectent très facilement l'odeur des hommes.

---

4 Les ours sont classés parmi les carnivores – les mangeurs de viande –, en fait / en plus ils sont pour la plupart omnivores, c'est-à-dire / c'est alors qu'ils se nourrissent de tout ce qu'ils rencontrent : racines, fruits, céréales, gibier, miel...

---

5 Ainsi / Aussi que l'homme et le porc, l'ours est donc / alors un omnivore.
De plus, / De ce fait, l'ours, sans / comme l'homme, peut marcher sur ses deux membres inférieurs, c'est pour de faire / cela qu'on dit qu'il est plantigrade.

---

6 Les ours sont des marcheurs infatigables. Ils doivent souvent / jamais parcourir de moins / très longues distances avec / pour trouver leur nourriture.

---

7 Mal / Bien protégé par sa fourrure épaisse et / ou grasse, l'ours polaire peut nager des heures dans / avec la mer glacée. Autrefois, / Parfois, il se repose sur un iceberg.

Autrement dit...

COMPRÉHENSION

7 **Chaque couple de phrases raconte la même chose, mais d'une manière différente. Cependant, dans la deuxième phrase, il y a des informations supplémentaires. Souligne-les.**

LUDWIG VAN BEETHOVEN

1 a) Ludwig Van Beethoven est né en 1770 en Allemagne.

b) C'est en 1770, dans une modeste maison d'Allemagne, qu'est né Ludwig Van Beethoven.

2 a) Son père veut lui apprendre à jouer du piano ; il lui fait donc quitter l'école très jeune.

b) Très jeune, il quitte l'école, car son père, qui est musicien à la Cour, veut lui apprendre à jouer du piano.

3 a) À trente ans Ludwig Van Beethoven est déjà considéré comme un très grand musicien, malheureusement un terrible mal va l'atteindre.

b) Ludwig Van Beethoven a trente ans, il est déjà considéré comme un très grand musicien, hélas il va être frappé par un mal terrible : il est en train de devenir sourd.

4 a) Malgré sa surdité, Beethoven continue de composer des sonates, des symphonies, des opéras jusqu'à la fin de sa vie.

b) En dépit de sa surdité et de problèmes visuels, jusqu'au bout, Beethoven continue de composer sonates, symphonies et opéras.

5 a) Ludwig Van Beethoven est le premier musicien à avoir laissé parler ses sentiments dans sa musique ; comme lui, sa musique peut être tourmentée, coléreuse, tendre...

b) La musique de Ludwig Van Beethoven peut être tourmentée, tendre, coléreuse... contrairement à celle des musiciens classiques qui cachent leurs sentiments, c'est la première à exprimer les sentiments de son auteur.

6 a) En 1802, Beethoven entend encore les mots, mais ne les comprend plus. « Il n'entend plus que les voyelles ! »

b) Son mal empire, nous sommes en 1802, bien qu'il parvienne encore à les entendre, il ne comprend plus les mots. « Les consonnes ont disparu, il n'entend plus que les voyelles ! »

8 **Attention, cette fois-ci il faut cocher la phrase qui donne plus d'informations que la phrase encadrée. Souligne les informations supplémentaires.**

VICTOR HUGO

1 | 1802, à Besançon, un petit bébé fragile vient de naître ; son prénom est Victor, son nom de famille : Hugo. |

a) Victor Hugo est né en 1802 à Besançon ; c'était un petit bébé fragile. ☐
b) Victor Hugo, petit bébé fragile, naît à Besançon en février 1802. ☐

2 | Victor Hugo publie son premier recueil de poèmes *Odes et Poésies diverses*, en 1822. |

a) *Odes et Poésies diverses* est le premier livre que Victor Hugo publie en 1822. ☐
b) C'est en 1822 que Victor Hugo se marie après avoir publié son premier recueil de poèmes, *Odes et Poésies diverses*. ☐

3 | En 1830, Victor Hugo écrit son premier grand roman historique, *Notre-Dame de Paris*, dont l'héroïne fait pleurer des milliers de lecteurs. |

a) Publié en 1830, *Notre-Dame de Paris* est le premier grand roman historique de Victor Hugo. Son héroïne, Esméralda, a fait pleurer des milliers de lecteurs. ☐
b) L'héroïne de *Notre-Dame de Paris*, le premier grand roman historique de Victor Hugo a fait pleurer des milliers de lecteurs. ☐

4 | En 1851, Napoléon III condamne Victor Hugo à l'exil. Hugo doit quitter la France ; il s'installe donc sur l'île de Jersey, puis à Guernesey. C'est là qu'il écrit *Les Misérables*. |

a) Condamné à l'exil par Napoléon III en 1851, Victor Hugo quitte la France et s'installe sur l'île de Jersey puis à Guernesey où il rédige *Les Misérables*. ☐
b) En 1851, Victor Hugo s'installe sur l'île de Jersey puis à Guernesey après avoir quitté la France, car Napoléon III vient de le condamner à l'exil. C'est là qu'il a écrit son roman *Les Misérables* qui aura un succès inouï. ☐

5 | Le 19 mai 1885, Victor Hugo écrit *Aimer, c'est agir*, le 22 mai de la même année, il murmure à ses petits-enfants *Je vois de la lumière noire* puis il meurt. Il avait alors 83 ans. |

a) Victor Hugo écrit sur une feuille volante *Aimer, c'est agir*. Nous sommes le 19 mai 1885. Le 22 mai de la même année, il meurt après avoir dit à Georges et à Jeanne, ses petits-enfants, *Je vois de la lumière noire*. Le plus grand poète du XIXe siècle vient de s'éteindre à l'âge de 83 ans. ☐
b) *Aimer, c'est agir*, voici ce qu'écrivit Victor Hugo le 19 mai 1885, quelques jours avant de mourir. Le 22 mai, avant de s'éteindre, il murmure à ses petits-enfants, *Je vois de la lumière noire* ☐

L'arbre généalogique d'Arthur

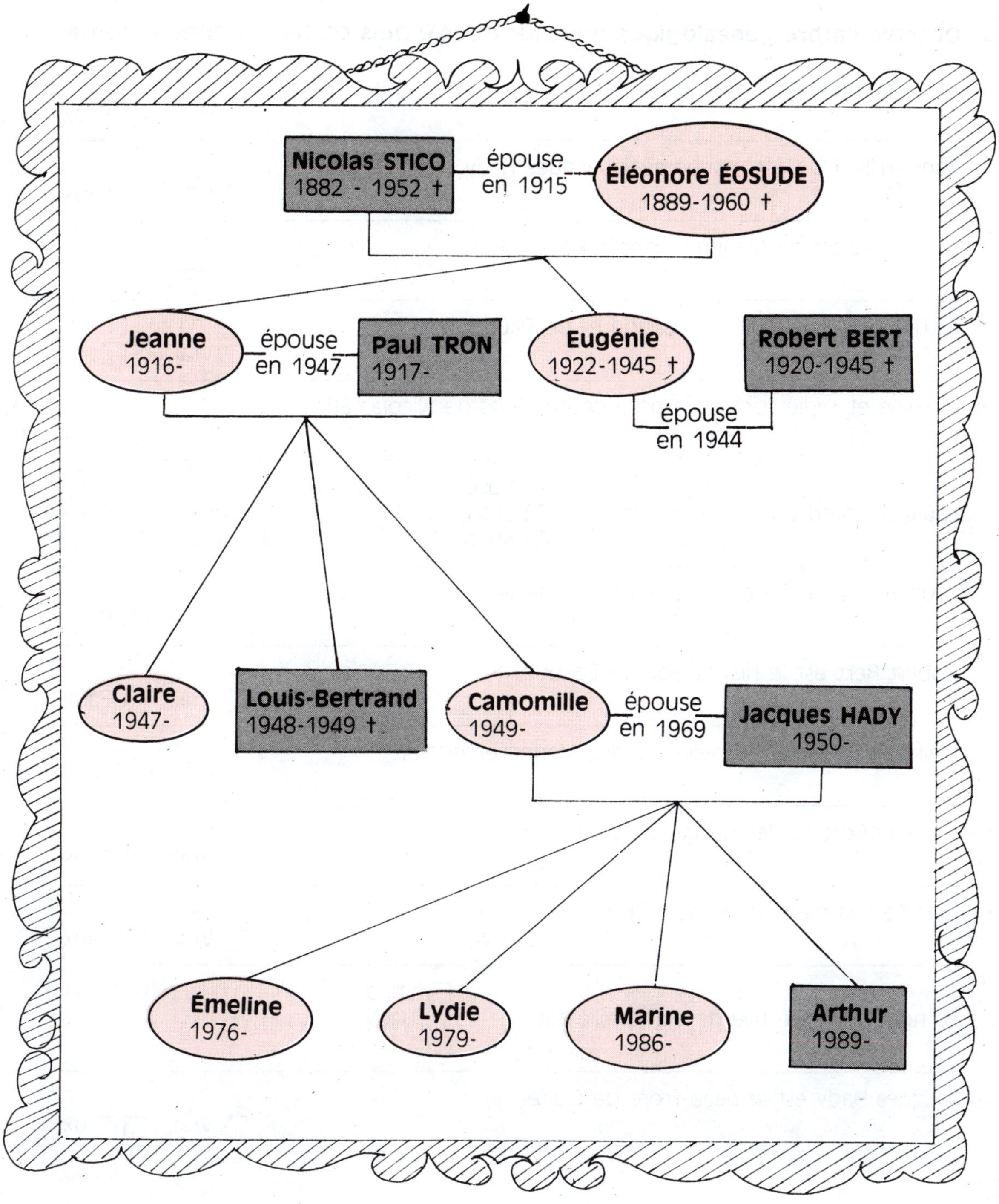

L'arbre gêné à logique

COMPRÉHENSION

RECHERCHE

9 **Observe l'arbre généalogique d'Arthur (p. 143) puis coche la bonne réponse.**

1 Jacques Hady est le fils de Paul Tron.
☐ Vrai. ☐ Faux.

2 Camomille Tron est mariée avec Jacques Hady.
☐ Vrai. ☐ Faux.

3 Le grand-père de Marine s'appelle Robert Bert.
☐ Vrai. ☐ Faux.

4 Arthur est le petit-fils de Jeanne et de Paul Tron.
☐ Vrai. ☐ Faux.

5 Émeline et Lydie sont les arrière-petites-filles de Nicolas Stico.
☐ Vrai. ☐ Faux.

6 Louis-Bertrand porte le nom de
☐ Éosude.
☐ Tron.
☐ Stico.

7 Louis-Bertrand, frère de Camomille, était le petit-fils de Nicolas.
☐ Vrai. ☐ Faux.

8 Robert Bert est le fils d'Éléonore Éosude.
☐ Vrai. ☐ Faux.

9 Claire est la tante d'Émeline, Lydie, Marine et Arthur.
☐ Vrai. ☐ Faux.

10 Eugénie Bert est la cousine de Claire Tron.
☐ Vrai. ☐ Faux.

11 Claire est la nièce de Robert Bert.
☐ Vrai. ☐ Faux.

12 Le nom de jeune fille de Camomille est
☐ Stico.
☐ Hady.
☐ Tron.

13 Jacques Hady est le beau-frère de Claire.
☐ Vrai. ☐ Faux.

10 Observe attentivement l'arbre généalogique d'Arthur (p. 143) avant de répondre aux questions qui te sont posées.

QUI PARLE ?

1 « Ma sœur Jeanne est née en 1916 », dit
- ☐ Arthur.
- ☐ Eugénie.
- ☐ Robert.

2 « Ma fille s'est mariée avec Jacques Hady », dit
- ☐ Paul Tron.
- ☐ Arthur Hady.
- ☐ Éléonore Éosude.

3 « Mon petit frère est né juste 100 ans après mon arrière-grand-mère », dit
- ☐ Lydie.
- ☐ Claire.
- ☐ Jeanne.

4 « Mon grand-père s'est marié avec Éléonore Éosude », dit
- ☐ Camomille.
- ☐ Robert.
- ☐ Émeline.

5 « Je suis la tante de Marine »,
dit
- ☐ Jeanne Tron.
- ☐ Eugénie Bert.
- ☐ Claire Tron.

6 « Je suis la sœur du fils de Jacques Hady, donc la petite-fille de Paul Tron »,
dit
- ☐ Marine.
- ☐ Camomille.
- ☐ Éléonore.

7 « Ma sœur et son mari sont morts à la fin de la guerre de 1939-45 », dit
- ☐ Jeanne.
- ☐ Louis-Bertrand.
- ☐ Camomille.

COMPRÉHENSION

Es-tu curieux (se) ?

11 Coche la réponse qui te convient le mieux.

1 **De nouveaux voisins emménagent à côté de chez toi :**

a) ☐ Vite, tu te précipites pour voir quelle tête ils ont et comment ils s'appellent.
b) ☐ Tu jettes un œil discret par la fenêtre en te disant que vous aurez tout le temps pour faire connaissance plus tard.
c) ☐ « De nouveaux voisins ? Bah ! quelle importance... » te dis-tu.

2 **Un colis pour tes parents vient d'arriver par le courrier. Tu es seul(e), car tes parents sont au travail :**

a) ☐ Tu brûles de savoir ce qu'il contient, tu te jettes sur le paquet et tu l'ouvres fébrilement en déchirant le papier qui l'entoure.
b) ☐ Intrigué(e), tu le tournes, le retournes ; tu observes le cachet de la poste et tu cherches d'où il peut bien provenir ; tu le soupèses afin de deviner ce qu'il contient, mais tu n'oses tout de même pas l'ouvrir.
c) ☐ Tu poses le paquet sur la table de la salle à manger, tu retournes à tes occupations et tu n'y penses plus jusqu'au retour de tes parents.

3 **Dans un coin de la cour de récréation, tu vois deux camarades qui parlent à voix basse :**

a) ☐ Tu les laisses tranquilles ; « Chacun ses affaires », te dis-tu.
b) ☐ Tu t'approches et tu leur demandes s'il ne leur arrive rien de grave. Tu n'as pas de réponse, alors tu n'insistes pas.
c) ☐ Tu t'approches discrètement, tu tends l'oreille en faisant mine de ne pas entendre et tu essayes de comprendre ce qu'ils racontent.

4 **Tu te rends chez un ami. Au moment de frapper à la porte, tu entends des éclats de voix qui ressemblent fort à une dispute :**

a) ☐ Tu te dis que ce n'est vraiment pas le moment de venir les déranger et tu rebrousses chemin.
b) ☐ « Mais quelle peut bien être la raison de cette dispute ? » te dis-tu. En faisant le moins de bruit possible, tu colles ton oreille à la porte pour mieux entendre...
c) ☐ Tu écoutes un instant, tu juges que ça ne te regarde pas, mais en rebroussant chemin, tu t'interroges tout de même sur les raisons de cette dispute.

5 **Laquelle de ces professions préférerais-tu exercer ?**

a) ☐ Détective privé(e). b) ☐ Explorateur(-trice) c) ☐ Épicier(-cière).

6 **Ta sœur est en train d'écrire une lettre. Le téléphone sonne : c'est pour elle. Elle va répondre et te laisse seul(e) dans sa chambre :**

a) ☐ Tu regardes discrètement à qui elle écrit, mais tu ne lis pas la lettre.
b) ☐ Tu écoutes sa conversation d'une oreille et tu te dépêches de lire sa lettre en son absence.
c) ☐ Il ne te vient même pas à l'idée de lire la lettre que ta sœur écrit, tu continues tes occupations.

7 **On te propose trois cadeaux pour ton anniversaire. Lequel vas-tu choisir ?**

a) ☐ Un magnétophone.
b) ☐ Une paire de jumelles.
c) ☐ Un microscope.

8 **Un ami de tes parents t'offre un superbe stylo pour Noël. En retournant la boîte machinalement, tu t'aperçois que l'étiquette du prix n'a pas été retirée :**

a) ☐ Tu la décolles discrètement et tu en fais une petite boulette que tu jettes sous la table, l'air de rien.
b) ☐ Tu manipules le paquet, l'air de rien, et tu cherches à lire le prix discrètement. « Eh ! bien mon vieux, c'est pas donné ! » remarques-tu.
c) ☐ « Tiens l'étiquette ! » remarques-tu discrètement. Tu n'y prêtes pas plus attention et tu t'extasies devant le superbe stylo.

9 **Un camarade de classe a été hospitalisé à la suite d'un grave accident de voiture :**

a) ☐ Tu files tout droit à l'hôpital pour avoir des détails sur les circonstances de l'accident.
b) ☐ Tu penses qu'il vaut mieux attendre que ton camarade soit remis de ses émotions avant d'aller lui rendre une visite de sympathie.
c) ☐ Tu n'oses pas aller déranger ton camarade à l'hôpital, mais tu as hâte d'en savoir plus sur son accident et tu questionnes toutes les personnes qui sont au courant.

10 **Tu trouves un portefeuille dans la rue :**

a) ☐ Tu le portes au commissariat sans l'ouvrir.
b) ☐ Tu regardes s'il contient une carte d'identité, puis tu le portes au commissariat ou directement à son propriétaire s'il n'habite pas loin de chez toi.
c) ☐ Tu rentres chez toi avec le portefeuille. Tu en vides le contenu, tu examines chaque papier avec soin, puis tu téléphones à la personne à qui il appartient pour en savoir plus.

Résultats page 148

En t'aidant du tableau ci-dessous, compte le nombre de points correspondant aux réponses que tu as cochées dans le test.
Reporte ton score dans la colonne de droite.
Calcule ton total et compare-le aux résultats du test.

QUESTIONS	Réponses			TES SCORES
	a	b	c	
1	3 points	2 points	1 point	....
2	3 points	2 points	1 point	....
3	1 point	2 points	3 points	....
4	1 point	3 points	2 points	....
5	3 points	2 points	1 point	....
6	2 points	3 points	1 point	....
7	1 point	2 points	3 points	....
8	1 point	3 points	2 points	....
9	3 points	1 point	2 points	....
10	1 point	2 points	3 points	....

TON TOTAL : ....

Si tu as obtenu entre 10 et 16 points :
Le moins qu'on puisse dire, c'est que tu n'es pas très curieux(se) ! Il semble même que cette qualité, qui pour certains est un véritable défaut, te fasse cruellement... défaut ! Ne crois-tu pas qu'il serait bon de te préoccuper un peu plus de ce qui t'entoure ? qu'il serait bon de sortir un peu de ta coquille ?
Le jour où un troupeau d'éléphants traversera ta chambre, daigneras-tu y prêter une quelconque attention ? Non ? Alors ton cas est vraiment désespéré !

Si tu as obtenu entre 17 et 23 points :
Tu as la curiosité justement placée. Ni trop, ni trop peu en somme. C'est une honorable qualité que d'être ainsi attentif(ve) à ce qui t'entoure sans pourtant tomber dans l'indiscrétion.
Cependant, dans certains cas, il te faudra peut-être un peu plus de curiosité. Ne dit-on pas que la curiosité est une des qualités essentielles des scientifiques et des chercheurs ?

Si tu as obtenu entre 24 et 30 points :
Aïe ! Aïe ! Aïe ! mais comment diable fait-on pour être aussi curieux(se) ? À n'en pas douter, ton animal totem est la chouette ! Tu pourrais peut-être t'occuper un peu moins de ce qui ne te regarde pas, une telle curiosité risquerait bien, un jour, de te nuire !
Évidemment, cela présente des avantages indéniables ; si plus tard tu ne trouves pas de travail, sache au moins que tu as une carrière de concierge toute tracée !

14

RECHERCHE

La vie au grand air !

1 **Le document reproduit page 150 indique toutes les activités proposées par les 14 centres de vacances des « Relais Soleil ».**
Cherche la bonne réponse, le plus rapidement possible. Coche-la.

	VRAI	FAUX
1 On peut faire du  dans tous les « Relais Soleil ».		
2 On peut faire de l'  dans tous les « Relais Soleil ».		
3 Il y a un  dans seulement trois « Relais Soleil ».		
4 À L'Éterlou, on peut pratiquer l'  la  et le  c'est-à-dire l'escalade, la planche à voile et le tir à l'arc.		
5 À L'Eau vive, on peut pratiquer le  l'  le  c'est-à-dire le tennis, l'équitation, le labo photo.		

2 **Même consigne que précédemment.**

	VRAI	FAUX
1 Si je vois le pictogramme , cela veut dire qu'il y a un lac, une piscine ou la mer.		
2 Si je vois les pictogrammes ,  et , cela veut dire que je peux faire du vélo, de la voile et du tir à l'arc.		
3 À La Porte Ouverte, je pourrai faire du , et du 		
4 Il n'y a pas de  au Pré du Lac.		
5 En revanche, il y a un , un  et un  au Sorbier.		

Relais Soleil

	CHATEAU DE FAVERGES	LES FLOCONS VERTS	L'EAU VIVE	L'ETERLOU	LE SORBIER	LA GIRONIE	DOMAINE DU THRONNET	LA PORTE OUVERTE	LE CARREFOUR DE L'AMITIE	LES NIVEOLES	LE PRE DU LAC	CHATEAU DE BOISSERON	LES PAVILLONS DU GOLFE	LE FAUCIGNY
Montagne randonnée	●	●	●	●	●		●	●	●	●	●		●	●
Escalade	●	●	●	●	●	●	●	●	●	●	●			●
Deltaplane	●	●					●				●			●
Parapente		●					●	●	●	●	●			●
Spéléologie			●	●	●	●	●	●	●	●				
Pêche	●		●	●	●	●	●	●	●	●	●	●	●	
Plongée sous-marine							●	●	●				●	
Canoë-Kayak			●	●	●	●	●	●	●	●	●			
Planche à voile	●		●	●	●	●	●	●	●	●	●		●	●
Voile	●					●	●	●	●		●		●	
Lac / Piscine / Mer	●	●	●	●	●	●	●	●	●	●	●	●	●	●
Golf	Pract.	●				●								●
Mini-golf							●	●	●	●	●		●	
Vélo	●					●	●	●	●	●	●	●		
Tennis	●	●	●	●	●	●	●	●	●	●	●	●	●	●
Equitation	●	●	●	●	●	●	●	●	●	●	●		●	●
Tir à l'arc		●	●	●	●	●		●	●	●	●	●	●	●
Tir à la carabine	●													
Raid 4 x 4													●	
Mountain-bike		●	●	●	●		●	●	●	●		●		●
Sauna			●	●	●									
Labo photo	●		●	●	●		●	●	●	●	●			
Rafting		●												●

Signification des pictogrammes

- Montagne randonnée
- Escalade
- Deltaplane
- Parapente
- Spéléologie
- Pêche
- Plongée sous-marine
- Canoë-Kayak
- Planche à voile
- Voile
- Lac / Piscine / Mer
- Golf
- Mini-golf
- Vélo
- Tennis
- Equitation
- Tir à l'arc
- Tir à la carabine
- Raid 4 x 4
- Mountain-bike
- Sauna
- Labo photo
- Rafting

Mountain bike = Vélo de randonnée

Union des foyers et associations communautaires de vacances et de loisirs

Des vacances toniques !

COMPRÉHENSION RECHERCHE

3 **Cherche la bonne réponse, le plus rapidement possible, dans le document « Relais Soleil » reproduit page 150. Coche-la.**

		VRAI	FAUX
1	On peut faire du tir à la carabine au Château de Boisseron.		
2	On peut se baigner dans tous les « Relais Soleil ».		
3	On peut faire de la planche à voile dans 12 « Relais Soleil ».		
4	Il n'y a qu'aux Pavillons du Golfe qu'on peut faire du raid 4 × 4.		
5	Il n'y a qu'un Relais Soleil où on ne peut pas monter à cheval.		

4 **Même consigne que précédemment.**

		VRAI	FAUX
1	À La Gironie, on peut faire de l'escalade, de la spéléologie, de la pêche, mais on ne peut pas faire de plongée sous-marine.		
2	Excepté au Château de Boisseron et au Pré du lac, on peut pratiquer l'escalade dans chaque « Relais Soleil ».		
3	Au Carrefour de l'amitié, on ne peut pratiquer ni le deltaplane, ni le golf, ni le tir à la carabine, ni le raid 4 × 4, ni le sauna, ni le rafting.		
4	Si on veut faire du vélo de randonnée mieux vaut ne pas s'inscrire au Château de Faverges.		
5	Seuls trois « Relais Soleil » permettent de profiter d'un sauna.		

Heureux qui comme Arthur a fait un merveilleux voyage...

RECHERCHE

Une façon très agréable de relier entre eux les 55 millions de Français consiste à leur faire découvrir les richesses des autres régions du pays. Il en existe partout, d'une très grande variété : châteaux, plages, musées, parcs et même accents, chansons, recettes de cuisine... Hélas, 4 habitants sur 10 n'en profitent pas, car ils ne partent pas en vacances.

Cette année, Arthur fait partie de ces 4 habitants sur 10, il n'a pas pu partir en vacances. Néanmoins, il a décidé de rêver et de « voyager » grâce à son livre de géographie...

Écoute bien ce qu'il dit, car tu vas refaire avec lui le voyage qu'il s'est inventé et tu devras répondre aux questions posées.

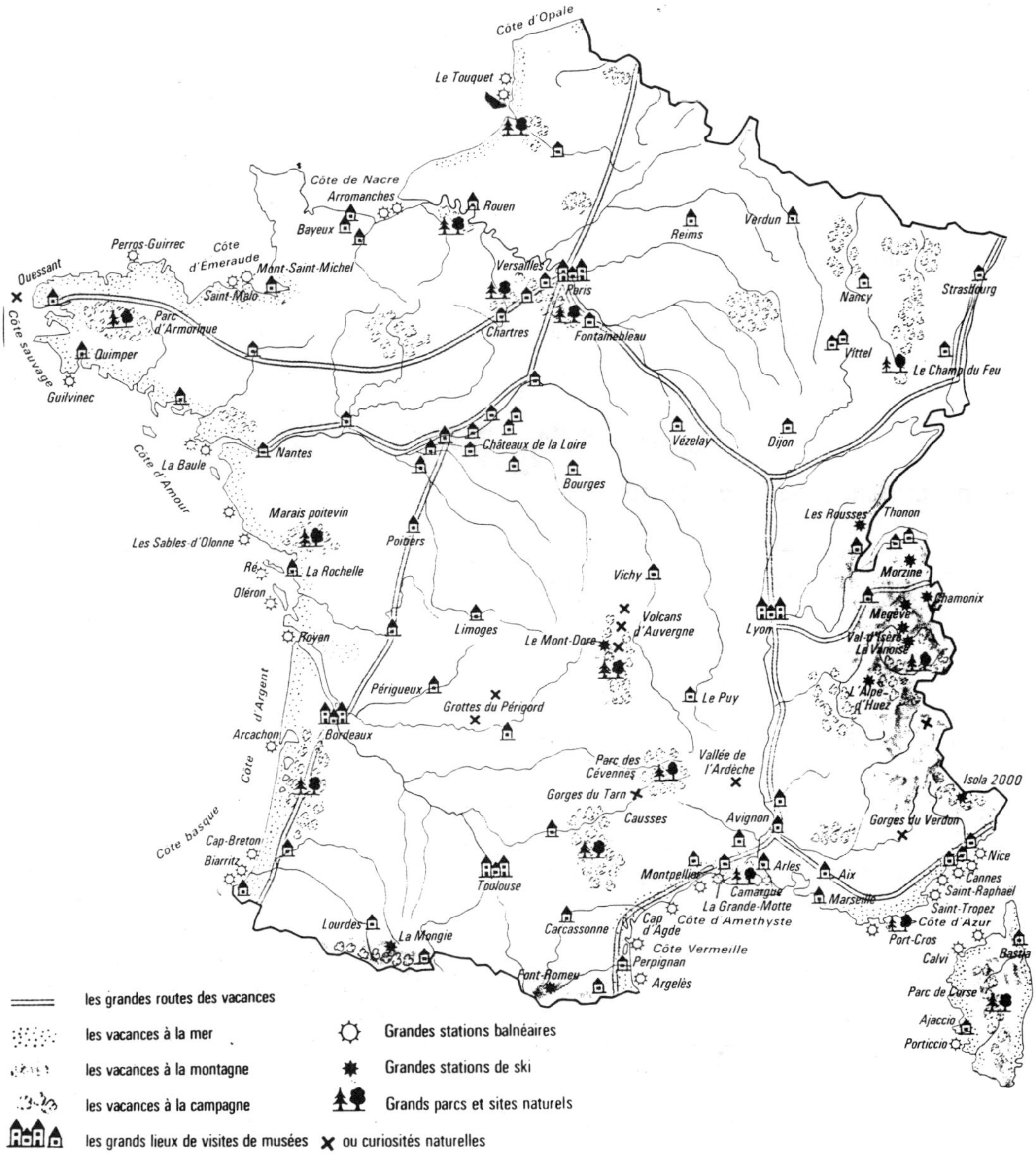

D'après François Beautier, *Géographie de la France*, Nathan, 1987, page 133.

5 Tu discutes avec Arthur...

En t'aidant de la carte et de sa légende, coche la bonne réponse que tu dois lui donner, lorsque c'est nécessaire.

Arthur : Pour commencer, promenons-nous dans les bois... dans les bois des !

Toi : Des quoi ?

Arthur : Des « grands parcs et sites naturels ». Regarde la légende !

Toi : La légende de la carte, en bas à gauche ?

Arthur : Bien sûr ! Bon, maintenant, si je prends les ══

Toi : Les « grandes routes des vacances » ?

Arthur : Bravo ! Si donc je prends les « grandes routes des vacances », pour aller du « parc d'Armorique », au parc de la « Camargue », je passe par les parcs situés à côté de Chartres et à côté de Fontainebleau.

Toi : C'est
- exact ☐,
- inexact ☐.

Arthur : Une fois dans le parc de Camargue, je me trouve près d'Arles.

Toi : C'est
- exact ☐,
- inexact ☐.

Arthur : Ainsi, pour me rendre dans le parc situé au sud de Bordeaux, en empruntant à nouveau les ══ .

Toi : Tu veux dire
- les routes des « vacances à la mer » ☐,
- les « vacances à la montagne » ☐.
- les « grandes routes des vacances » ☐ ?

Arthur : Oui ! Donc, pour aller d'Arles à Bordeaux en empruntant ces fameuses « grandes routes », je passe par Lyon, Paris et Poitiers.

Toi : C'est
- exact ☐,
- inexact ☐.

Arthur : Ce faisant je suis passé près de Vézelay, de Perros-Guirec et des châteaux de la Loire.

Toi : C'est
- possible ☐,
- impossible ☐.

Arthur : Ah ? Mais où donc ai-je pu me tromper ?

Toi : Tu ne pouvais pas passer à côté de
- Vézelay ☐,
- Perros-Guirec ☐,
- des châteaux de la Loire ☐.

Arthur : Admettons. Je vais ensuite à Arcachon qui est une grande station balnéaire. ☼

Toi : C'est
- exact ☐,
- inexact ☐.

Arthur : Je prends le bateau et je décide de visiter toutes les ☼ .

Toi : Tu as raison
- les grandes stations de ski ☐,
- les curiosités naturelles ☐,
- les grandes stations balnéaires ☐,

c'est agréable et parfois intéressant...

Arthur : Bien sûr, je visite les stations balnéaires de la côte Atlantique ! Regarde, il y en a 12 entre la côte Basque et la côte Sauvage.

Toi : C'est { exact ☐, inexact ☐.

Arthur : Parmi elles il y a : Biarritz, Cap-Breton, Arcachon, Royan, les îles de Ré et d'Oléron, les Sables-d'Olonne, Port-Cros et La Baule.

Toi : C'est { exact ☐, inexact ☐.

Arthur : Tiens ? Mais sur laquelle me suis-je trompé ?

Toi : Biarritz ☐,
Cap-Breton ☐,
Arcachon ☐,
l'île de Ré ☐,
Oléron ☐,
les Sables-d'Olonne ☐,
Port-Cros ☐,
La Baule ☐.

Arthur : Oh, mais j'ai également oublié un nom important ! Et quel dommage, car c'est un fort joli petit port de pêche breton ! Serait-ce Le Touquet, Arromanches, Royan, Porticcio, Argelès, Guilvinec, la Grande-Motte ?

Toi : C'est Le Touquet ☐,
Arromanches ☐,
Royan ☐,
Porticcio ☐,
Argelès ☐,
Guilvinec ☐,
la Grande-Motte ☐.

Arthur : Effectivement ! Mais tout cela n'est pas bien grave... De toute façon, maintenant je préfère aller à la plage au Mont-Dore.

Toi : C'est { possible ☐, impossible ☐.

Arthur : Qu'à cela ne tienne, je laisse mon bateau dans le port de Nantes, qui est une grande station balnéaire...

Toi : C'est { exact ☐, inexact ☐.

Arthur : Et je reprends les pour aller visiter les 

Toi : Visiter { les grandes stations de ski ☐, les grands lieux de visite de musées ☐, les curiosités naturelles ☐,
c'est une bonne idée, ça changera de la baignade !

Arthur : Puisque je suis à Nantes, je visite la ville et ses musées, puis je fais le tour des châteaux de la Loire. Ensuite, si je veux aller à Nice, je peux profiter au passage des  de Paris, Fontainebleau, Vézelay, Lyon, Avignon, Aix et... Nice, enfin !

Toi : C'est { possible ☐, impossible ☐.

Arthur : Joli voyage en perspective, n'est-ce pas ?

Toi : Oui, mais tu pourrais aussi te promener dans les  !

Arthur : Les stations de ski ?

Toi : Oui, c'est cela ! ☐
Mais non, voyons ! ☐

Arthur : Voilà une excellente idée. D'autant qu'une fois à Nice, je ne suis pas loin d'Isola 2000.

Toi : C'est { exact ☐, inexact ☐.

Arthur : Mais pour aller directement de Nice à Isola 2000, je devrai quitter les ══ !

Toi : Bien sûr ! ☐
Mais non ! ☐

Arthur : Tant mieux, j'aime bien les petites routes de montagne. Et dans les Alpes, je vais être servi !
Si je remonte d'Isola 2000 vers les Rousses, en comptant ces deux stations, je pourrai visiter 8 ✹ .

Toi : C'est { exact ☐, inexact ☐.

Arthur : Celles d'Isola 2000 et des Rousses bien entendu, mais également celles de l'Alpe-d'Huez, de La Vanoise, de Val-d'Isère, de Megève, de Chamonix et de Morzine.

Toi : C'est { exact ☐, inexact ☐.

Arthur : Tiens, il y a d'ailleurs un très beau ♣♣ sur mon chemin, celui de La Vanoise !

Toi : C'est { exact ☐, inexact ☐.

Arthur : Mais on pourrait également se rendre dans le Massif central ou dans les Pyrénées ; tu ne crois pas ? Il y a aussi des ✹ , là-bas !

Toi : C'est { exact ☐, inexact ☐.

Arthur : Tiens, par exemple, le Mont-Dore, Font-Romeu ou la Mongie !

Toi : C'est { exact ☐, inexact ☐.

Arthur : Tu vois, même sans partir en vacances, je peux faire de très beaux voyages ! Le tout est affaire d'imagination...

COMPRÉHENSION

Impressions d'impressionnistes...

6 **Fais comme Arthur, lis ce texte attentivement et reporte-toi aux questions qui suivent.**

Le peintre Claude Monet

(Photo Roger-Viollet)

POMME VISITE LE MUSÉE MARMOTTAN

Le premier jour de notre séjour à Paris avec Florent, nous avons pris le métro pour nous rendre dans un musée appelé Marmottan. Il abrite de nombreuses toiles de Monet, peintre qui est né en 1840 et mort en 1926. Voir ces peintures dans un livre, c'est une chose, mais les voir en « vrai », c'est vraiment autre chose. Les peintures exposées à Marmottan appartenaient à son jeune fils Michel. À l'âge de 88 ans, il s'est fait renverser près du quai de la Seine et en est mort. Le musée a alors hérité de toutes les toiles, car Michel n'avait pas d'enfants.

La plupart des peintures sont exposées dans les grandes salles du premier sous-sol. Nous avons pu constater que Monet n'avait pas peint que des nénuphars. Au contraire, il a également peint des trains à vapeur, des églises, des montagnes, la mer, des paysages enneigés et aussi des gens.

Je me suis approchée d'une peinture représentant des nénuphars blancs et j'ai regardé. Alors j'ai remarqué que les nénuphars n'étaient faits que de taches. Puis je me suis de nouveau éloignée ; de loin, ils devenaient réels, comme des nénuphars blancs flottant sur l'eau. Magique !

– Dis Florent, comment savait-il où mettre la couleur ?

– Tu sais, déclara Florent, il peignait depuis si longtemps qu'il pouvait exactement imaginer l'effet donné par les coups de pinceau.

LES IMPRESSIONNISTES

Je n'avais pas encore remarqué cette petite peinture : un port avec des petits bateaux au lever du soleil, le soleil représenté comme une tache rouge orange.

– Cette peinture est importante dans l'histoire de l'art, me dit Florent. Elle s'appelle *Impression, soleil levant* : impression c'est un autre mot pour « suggestion ». La « sensation » de l'eau reflétant le soleil, par exemple. À la vue de cette peinture, les journalistes ont rebaptisé Monet l'« impressionniste », c'est-à-dire le « peintre des impressions ». À ce moment-là, la mode était à la peinture régulière et précise, de préférence avec un peu de gris et aussi des couleurs foncées. Presque personne n'aimait les peintures de Monet.

« Bâclé, barbouillé, inachevé et quelles couleurs criardes ! », disaient les gens. Mais Monet ne s'en préoccupait pas. Il ne voulait pas mélanger de noir avec ses couleurs. Il voulait peindre ses impressions avec des taches de couleurs claires qui semblaient miroiter et scintiller et donnaient l'impression de se mouvoir sur la toile. Monet s'est rendu compte que l'eau n'était pas la seule à chatoyer. Les feuilles des arbres reflétaient aussi la lumière, de même que la peau humaine, les vêtements, et même une maison de pierres.

Mais Monet trouvait l'eau particulièrement agréable à peindre. À un certain moment, elle semble bleue, un peu plus tard, elle étincelle de blanc. Voilà les instants que Monet essayait de mettre sur la toile, mais c'était difficile, car ces instants passaient très vite et il en fallait tellement pour peindre une toile.

Tout au long de sa vie, Monet a tenté de peindre l'impression de lumière. Toujours insatisfait, il cherchait sans cesse à mieux la suggérer.

Au premier étage du musée Marmottan se trouvent des toiles peintes par des amis de Monet. On les appela aussi « impressionnistes » : Pissarro, Renoir, Sisley et Berthe Morisot. Berthe était la seule femme du groupe.

Monet et ses amis étaient pauvres car personne ne voulait acheter leurs toiles. Au musée nous avons vu une lettre dans laquelle Monet tente d'emprunter de l'argent pour payer de la nourriture, son loyer et ses couleurs. Imaginez-vous qu'aujourd'hui certains paient des dizaines de millions de francs pour une peinture de Monet...

D'après Christina Björk, le *Jardin de Monet*, Casterman, 1987.

7 **En lisant cette histoire, Arthur a retiré une phrase de chaque paragraphe. Retrouve leur place exacte et note-la d'une barre de couleur dans le texte.**

POMME VISITE LE MUSÉE MARMOTTAN

1 Il devait se tenir tout près de la toile pour peindre, et donc comment pouvait-il savoir ce que cela donnerait à une certaine distance ?

LES IMPRESSIONNISTES

2 En ce temps-là, le métier de peintre était assez rare pour une femme ; celle-ci devait plutôt s'occuper des artistes et des enfants ou poser comme modèle.

8 Voici trois résumés du texte. Qui les a rédigés, Arthur, Pomme ou Florent ?

1

En visitant le musée Marmottan, on a découvert les toiles de Monet et plus particulièrement la célèbre peinture intitulée *Impression, soleil levant*. Florent m'a alors expliqué que c'est à cause de cette toile que les journalistes ont appelé Monet l'« impressionniste ».

Ce résumé a été rédigé par :
- ☐ Arthur,
- ☐ Pomme,
- ☐ Florent.

2

En visitant le musée Marmottan, on a découvert les toiles de Monet et plus particulièrement la célèbre peinture intitulée *Impression, soleil levant*. Je lui ai alors expliqué que c'est à cause de cette toile que les journalistes ont appelé Monet l'« impressionniste ».

Ce résumé a été rédigé par :
- ☐ Arthur,
- ☐ Pomme,
- ☐ Florent.

3

En visitant le musée Marmottan avec Florent, Pomme a découvert les toiles de Monet et plus particulièrement la célèbre peinture intitulée *Impression, soleil levant*. Son ami lui a alors expliqué que c'est à cause de cette toile que les journalistes ont appelé Monet l'« impressionniste ».

Ce résumé a été rédigé par :
- ☐ Arthur,
- ☐ Pomme,
- ☐ Florent.

Claude Monet devant une de ses œuvres : « Les Nymphéas »

(Photo Roger-Viollet)

15 Bilan

Des mots dans la maison

MÉMOIRE

1 **Lis attentivement les mots de la maison. Regarde bien dans quelle pièce ils se trouvent.**
Fais bien attention car tu devras t'en souvenir pour les situer à ton tour.

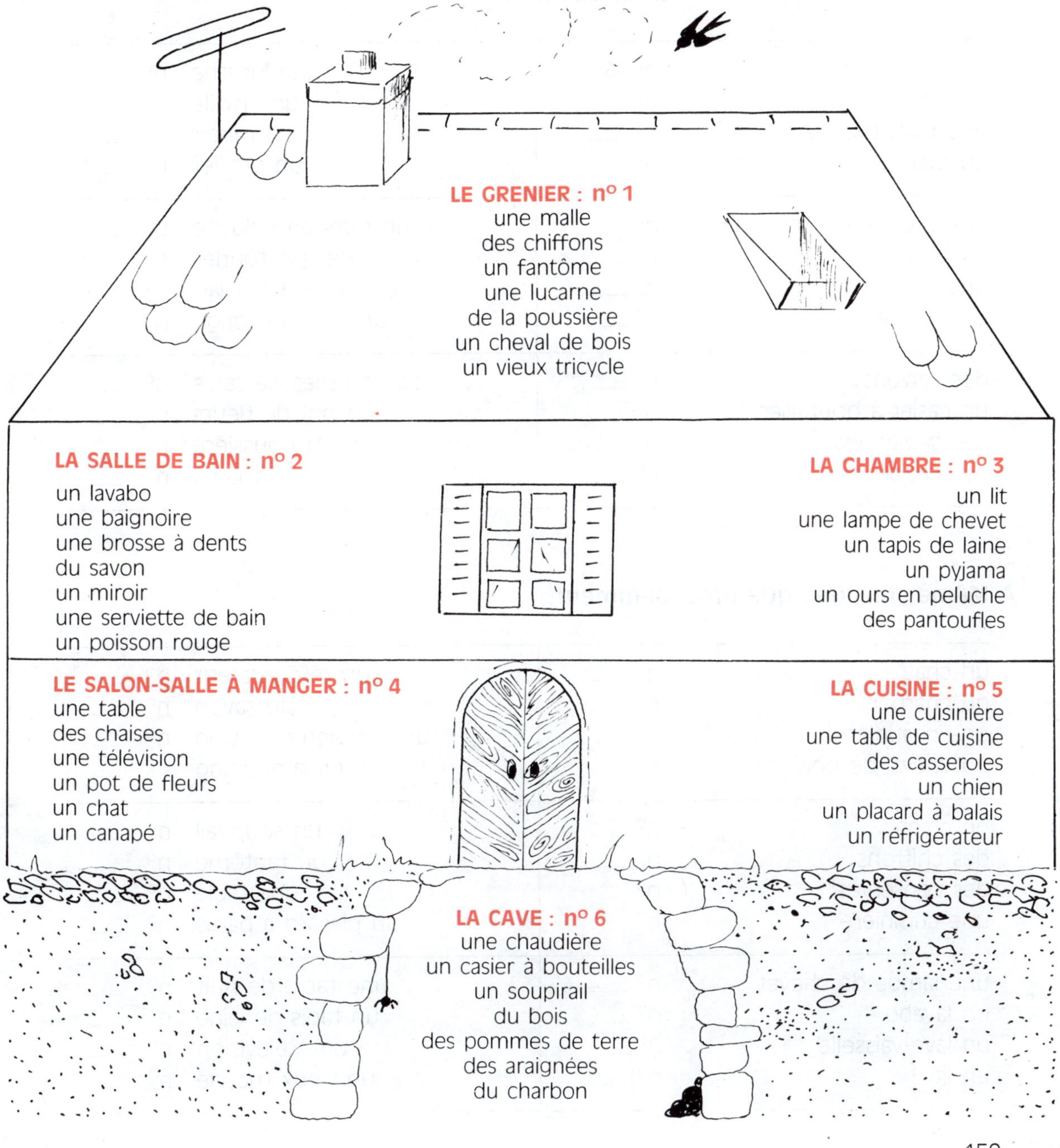

2 Note le numéro de la pièce dans laquelle se trouve chaque mot de la liste suivante. Attention il y a des intrus ! Barre-les.

Exemple : les araignées sont dans la cave, tu notes donc : n° 6.
Attention, tu peux t'aider du schéma ci-dessous, mais tu ne dois pas revenir à la maison.

GRENIER : N° 1	
LA SALLE DE BAIN : N° 2	LA CHAMBRE : N° 3
LE SALON-SALLE À MANGER : N° 4	LA CUISINE : N° 5
LA CAVE : N° 6	

des araignées	n° 6.	une lucarne	n° ___.
une baignoire	n° ___.	une malle	n° ___.
une bibliothèque	n° ___.	un miroir	n° ___.
du bois	n° ___.	un oreiller	n° ___.
une brosse à dents	n° ___.	un ours en peluche	n° ___.
un buffet	n° ___.	des pantoufles	n° ___.
une cafetière	n° ___.	un placard à balais	n° ___.
un canapé	n° ___.	un poisson rouge	n° ___.
des cartons	n° ___.	des pommes de terre	n° ___.
un casier à bouteilles	n° ___.	un pot de fleurs	n° ___.
des casseroles	n° ___.	de la poussière	n° ___.
des chaises	n° ___.	un pyjama	n° ___.

3 Même consigne que précédemment.

un chat	n° ___.	un réfrigérateur	n° ___.
du charbon	n° ___.	du savon	n° ___.
une chaudière	n° ___.	une serviette de bain	n° ___.
un cheval de bois	n° ___.	du shampooing	n° ___.
un chien	n° ___.	un soupirail	n° ___.
des chiffons	n° ___.	un fantôme	n° ___.
des conserves	n° ___.	une table	n° ___.
une cuisinière	n° ___.	un placard à balais	n° ___.
une lampe de chevet	n° ___.	une table de nuit	n° ___.
un lavabo	n° ___.	un tapis de laine	n° ___.
un lave-vaisselle	n° ___.	une télévision	n° ___.
un lit	n° ___.	un vieux tricycle	n° ___.

COMPRÉHENSION

RECHERCHE

Un chouette mercredi pour le fantôme

4 Tu suis Arthur dans la maison. Tu vérifies si les objets, les meubles, les animaux... sont bien à leur place. Si un objet n'est pas à sa place, la phrase n'est pas possible. Souligne ce qui n'est pas possible. La première est donnée en exemple.

		POSSIBLE	IMPOSSIBLE
1	Arthur fouille dans les chiffons de la malle du grenier, se regarde dans le miroir, soulève un nuage de poussière... soudain, le fantôme se met à éternuer. (*Le miroir est dans la salle de bain, pas dans le grenier.*)		X
2	Arthur prend peur, renverse le cheval de bois et descend en courant dans sa chambre sans fermer la porte ; le fantôme en profite pour le suivre et se glisse dans ses pantoufles.		
3	Arthur ne l'a pas vu. Pour se remettre de ses émotions, il fait son lit et donne à manger au poisson rouge.		
4	Puis il repousse le lit contre le mur et prend son pyjama pour le porter dans la salle de bain. Le fantôme sort des pantoufles et, mine de rien, lui emboîte le pas.		
5	Dans la salle de bain, il ramasse la brosse à dents tombée par terre, remplit le lavabo, se lave les mains et s'essuie avec la serviette de bain.		
6	Sa mère l'appelle depuis la cuisine : « Arthur, peux-tu aller me chercher des carottes à la cave ? Prends ce sac ! »		
7	« Oui, maman, j'y vais ! » « Chic, se dit le fantôme, je vais enfin pouvoir visiter la maison ! » En passant par le salon, Arthur caresse le chien, mais le fantôme lui tire la queue.		
8	« Arthur ! laisse le chien tranquille, pour une fois qu'il dormait gentiment sur le canapé... »		
9	« Mais je n'ai rien fait ! » ronchonne Arthur. Il se retourne, manque de renverser le pot de fleurs et descend à la cave !		
10	La chaudière ronronne, les araignées se balancent au-dessus du soupirail... Le fantôme s'assoit sur le tricycle et observe Arthur. « Les carottes sont à la cuisine ! remarque ce dernier. Il n'y a que des pommes de terre ici. »		

(Suite page 162)

	POSSIBLE	IMPOSSIBLE
11 Il met tout de même quelques pommes de terre dans un sac, le fantôme y glisse un boulet de charbon pour faire une blague et tous deux remontent en courant, car ils viennent d'entendre hennir le cheval de bois derrière le casier à bouteilles.		
12 « Tiens ! maman » dit-il en vidant le sac sur la table de cuisine. « Écoute ! Arthur... quand auras-tu fini de faire l'idiot ? Reporte-moi ce boulet de charbon à la cave ! »		
13 « Je n'y comprends rien », se dit Arthur en sortant de la cuisine. Il va dehors, jette le boulet par le soupirail de la cave et... Cling ! « Mince ! j'ai cassé une bouteille ! »		
14 Il va chercher un balai dans la cuisine, un carton dans le grenier pour ramasser les débris de bouteille dans la cave.		
15 Le chien le suit en aboyant, court en tous sens dans le grenier, car le fantôme, pas content, s'est accroché à sa queue...		
16 « Doucement Popy ! Tu vas faire encore plus de bêtises que moi ! » Mais trop tard... Patatrac ! le tricycle tombe en soulevant un énorme nuage de poussière, Arthur ouvre le soupirail pour aérer et chasse Popy dans l'escalier.		
17 Le chien, tout penaud, se glisse dans la chambre et se couche sur le tapis de laine.		
18 Mais le fantôme, qui vient de lui lâcher la queue, lui jette l'ours en peluche d'Arthur ; Popy se met à grogner, saute sur le lit, aboie après l'ours, se bat, renverse la lampe de chevet.		
19 « Oh ! non ! Popy... Que va dire maman, maintenant ? Regarde-moi ça ! La lampe de chevet, mon ours, le miroir... tout est cassé ! »		
20 Arthur tente de remettre sa chambre en ordre, part ramasser la bouteille cassée dans la cave et décide de ne plus toucher à rien ! Il s'assoit sur le canapé du salon et allume la télévision. « Mince ! elle est en panne... » Normal, le fantôme vient de la débrancher...		
21 Déçu, Arthur décide de faire de la cuisine. « Et si je faisais un gâteau ? » « D'accord, lui répond sa maman, mais attention de ne rien salir. » Quelques instants plus tard on entend... Patatrataataltrac ! Les casseroles et la cafetière tombent sur la cuisinière, le placard à balais s'écroule sur le réfrigérateur, le lave-vaisselle se met en marche tout seul, un nuage de farine enveloppe le bocal du poisson rouge... « Pour un chouette mercredi, c'est un chouette mercredi ! » ricane le fantôme en retournant tout heureux dans son grenier.		

Mamie au coin du feu

COMPREHENSION

5 **Arthur a mélangé toutes les lignes de cette histoire. Remets-les dans l'ordre.**
Note, sous le texte, le numéro des lignes dans le bon ordre.
Le premier est donné en exemple.

1 Arthur sent la fraîcheur
2 a un peu froid,
3 très gentil. Approche-toi, je vais te raconter
4 au point que personne ne pouvait supporter un tel vacarme. »
5 l'histoire extraordinaire des Zoreillefines dont les mots gelaient en hiver et
6 et le lui rapporte afin qu'elle se couvre
7 de la nuit qui commence à tomber. Comme sa grand-mère
8 fondaient au printemps en faisant un bruit de tous les diables,
9 la cheminée où flambe un grand feu.
10 les épaules bien chaudement. Puis il l'accompagne vers
11 il va lui chercher son châle de laine
12 « Merci, Arthur, dit-elle, tu es vraiment

Le bon ordre des lignes est : n° **1**, n° ___, n° ___, n° ___, n° ___, n° ___,

n° ___, n° ___, n° ___, n° ___, n° ___, n° ___.

(Si tu veux connaître l'histoire des Zoreillefines, cours page 164.)

Les Zoreillefines

COMPRÉHENSION

MÉMOIRE

♥ 6 **Le grand sorcier m'a raconté l'histoire des Zoreillefines. Hélas, il en a mélangé tous les paragraphes. À toi de les remettre dans l'ordre. Fais attention aux débuts et fins des paragraphes. Puis note l'ordre logique des paragraphes de l'histoire. Le premier est donné en exemple.**

L'ordre logique des paragraphes de l'histoire est :

3, __, __, __, __, __,

L'INCROYABLE, VÉRIDIQUE ET TRISTE HISTOIRE DES MOTS GELÉS
PAR LE « GRAND SILENCIEUX », ABOMINABLE SORCIER
DU ROYAUME DES ZOREILLEFINES QUI SE LEVA
UN JOUR LA TÊTE EN BAS
OU LA NAISSANCE DE
LA **FOIROMOTS** QUI
EN DÉCOULA

1

Lorsque le printemps revint, il fallait les voir tous, les yeux grand ouverts, les oreilles déployées, croyant au miracle qu'ils n'osaient plus espérer. Parler, ils allaient enfin pouvoir parler ! Hélas, pas un ne songea à tous ces mots endormis par le froid.
Au premier rayon de soleil, flocons, givres et glaçons fondirent en libérant une cacophonie effroyable de mots, de phrases, de cris emmêlés qui s'échappaient de toutes parts. C'était insupportable, tout le monde fuyait, courait en tous sens, tentant d'échapper à ce vacarme épouvantable. Les pauvres Zoreillefines se terraient, couvrant leurs grandes oreilles de leurs bras velus de peur de devenir sourds.
La tempête passée, le calme revint et l'on vit peu à peu les Zoreillefines sortir de leur cachette, doucement, sans faire de bruit... Avec quelque inquiétude l'un d'eux risqua un mot, juste un mot léger à l'oreille d'un compagnon, un second... puis une phrase complète. Les sourires revinrent, timides, tout d'abord, puis sereins... Enfin, on pouvait se parler !

2

Aussitôt la formule prononcée, un froid sidéral glaça le pays qui devint tout à coup muet. Même le vent disparut, de peur de déranger.
Mais là n'était pas le pire. En effet, tous les mots insouciants qui papillonnaient autrefois

dans les airs, s'abattirent, foudroyés par le gel. Les grands et les petits, les gras et les gros, les doux et les gentils... Les mots propres et figurés, rares ou courants, méchants ou impolis... en un mot, tous les mots chutèrent sans un bruit et se transformèrent en neige, glace, grêle ou glaçons, suivant qu'ils étaient doux, lourds ou légers...
Les Zoreillefines n'en crurent pas leurs oreilles — qu'ils avaient pourtant fort grandes. À chaque phrase émise, givre, grêlons, frimas ou flocons, neige ou glaçons... s'étalèrent dans la cour du château, couvrirent les toits, s'infiltrèrent dans les coursives ou glissèrent désespérément sur les pierres givrées des remparts de la ville.

3

Il y a de cela plus de cinq mille ans, au creux de la vallée des Mots-à-Chanter, vivait le petit royaume des Zoreillefines. Ces lutins velus et charmants se distinguaient de leurs voisins — les Zieuperçants — par leurs très grandes oreilles. Bien que tout petits, ils avaient vraiment de très très grandes oreilles ! Mais ils avaient surtout la réputation d'être incroyablement bavards !
Il est vrai que chez les Zoreillefines, on ne se souciait guère des paroles qu'on prononçait, on n'en était pas avare. Ainsi, lorsqu'on s'aimait, on se le disait volontiers. Et lorsqu'on ne s'aimait pas, on se le disait tout autant ! En réalité, on se racontait tout. Rien, dans ce royaume de lutins, ne demeurait caché.
La vie y était facile : on se payait de mots, on jouait sur les mots, on se donnait le mot ou on se prenait au mot, on cherchait parfois ses mots (mais on trouvait toujours le bon mot ou le mot de la fin) et l'on avait toujours le mot pour rire...

4

Le premier printemps avait été redoutable. Les Zoreillefines décidèrent de trouver remède à ces maux. Chacun se mit donc à l'ouvrage. Durant l'été, l'automne et l'hiver... en décolleté, uniforme ou imper, les Zoreillefines fabriquèrent ce qui devait devenir la plus grande, la plus importante, la plus gigantesque, en un mot, la plus grandiose manifestation printanière de la planisphère : la FOIROMOTS.
Dans toute la ville, mille stands furent construits et chacun y trouva son bonheur. ***« Le cœur des petits mots »*** attirait les amoureux de toute la contrée Zoreillefines et même au-delà puisqu'on y rencontrait des Zieuperçants, des Néfins et autres Patagiles ! Les enfants malins préféraient (et de loin !) **« La baraque aux gros mots »** où l'on pouvait entendre et proférer les pires choses qu'un Zoreillefine puisse imaginer. Il fallait voir comment les grandes personnes (hypocrites qu'elles sont !) fuyaient ce stand pour aller à **« La patinoire »** où l'on se glissait des mots en douce, à **« La demi-portion »** où l'on ne se parlait qu'à demi-mots, au **« Chamboul'mots »,** au « Concours de mots cassés » et à combien d'autres jeux de mots... Le plus spectaculaire était le stand des **« Mots croisés ».** Deux chevaliers s'envoyaient à travers la figure des mots de la pire espèce, le gagnant était celui qui réussissait à désarçonner son adversaire avec, par exemple, un mot lourd de conséquences. Quant aux gourmands, ils savouraient **« La barbamots »**. Ah ! pouvoir manger ses mots, ne pas les mâcher, les avaler...

Et le « Grand Silencieux » dans tout ça ? Passablement énervée, la Reine lui avait coupé la parole au cours d'une conversation. Depuis lors, il errait à travers la FOIROMOTS en roulant des yeux gros comme des calots se demandant qui diable allait bien pouvoir lui rendre la parole, qu'il puisse enfin le prononcer, le mot de la fin !

5

Tous les mots moururent de froid au pied des murs, dans un murmure sans voix... Pas un seul ne put faire le tour de toutes les tours... La tour de guet, la tour d'angle, la tour à bec, la tour flanquante, la tour chaperonnée, la tourrasse, le beffroi, la poivrière et le donjon — tour dite « maîtresse tour » —... toutes les tours virent les mots agoniser à leur pied, dans un dernier souffle d'effroi...
Il y en eut même un qui se changea en iceberg, tellement la colère de celui qui l'avait prononcé était grande. C'est dire le poids des mots ! L'iceberg s'abattit sur le château et en détruisit l'aile droite où habitait la reine. La souveraine, de fort méchante humeur, se plaignit auprès du « Grand Silencieux ». Hélas, chaque parole qu'elle prononçait était de glace, un comble pour une reine si gentille !
Elle voulait chasser le sorcier, mais dès qu'elle ouvrait la bouche, s'échappait un halo de neige... Elle se décida donc à lui écrire... en vain, à peine tracées, les lettres se figeaient dans l'encre gelée. Pour la première fois dans l'histoire des Zoreillefines, l'hiver devint silencieux. Et l'on vit alors de petits êtres velus, encapuchonnés dans leurs oreilles, errer tristement à travers le pays. Tout le monde attendait les beaux jours.

6

Hélas, un matin d'hiver fort rigoureux, le Grand Silencieux, sorcier des Zoreillefines, se leva la tête en bas (chose fréquente chez les sorciers de mauvais poil). Dans sa colère à l'envers, il décida de jeter un sort maléfique sur la contrée zoreillefine : « ! An. Udnetne ertê'd tnava arelèg arecnonorp emuayor ud tejus nu'uq esarhp euqahc, elorap euqahc, tom euqahc. »
Pardon, j'oubliais que vous ne connaissez pas sa langue ! Je traduis à l'instant. Remarquez, ça n'est pas bien difficile, il suffit de lire... à l'envers, bien entendu.
« Chaque mot, chaque parole, chaque phrase qu'un sujet du royaume prononcera, gèlera avant d'être entendu. Na ! »
Voilà qui n'était pas très gentil. De plus, pour que tout le monde soit mis au courant, il grimpa quatre à quatre l'escalier de la plus haute tour du Grand Château. Il prit un porte-voix en bois bruyant de bruyère de bryone (bois précieux très rare dans la contrée zoreillefine) et hurla par tous les vents et à tous les diables :
« ! ECALGEJOMÉLOUT ! ECALEGNOCOTÉNGAM ! ECAROGIRFIROGIRF ». ce qui signifiait :
« FRIGORIFRIGORACE ! MAGNÉTOCONGELACE ! TOULÉMOJEGLACE ! ».

D'après Emmanuel Souchier, *l'Incroyable, véridique et triste histoire...* Contes inédits.

7 **Maintenant que tu as remis les paragraphes dans l'ordre, relis le texte attentivement.**

♠ 8 Sans revenir au texte, réponds aux questions suivantes.

	VRAI	FAUX
1 Lorsque le sorcier des Zoreillefines prononça sa formule magique, tous les mots se mirent à dégeler.		
2 La reine n'a pas chassé le sorcier en criant très fort dans un porte-voix en bois précieux.		
3 C'est un mot transformé en iceberg qui a détruit l'aile du château où habitait la reine.		
4 Les Zoreillefines sont petits, velus et ont de grandes oreilles.		
5 Le sorcier des Zoreillefines ne parle pas à l'envers.		

♠ 9 Coche la ou les bonne(s) réponse(s).

1 D'après le nom qu'ils portent, on peut dire des Zieuperçants qu'ils ont :
- de bonnes lunettes ☐ a
- une grande bouche ☐ b
- de bons yeux ☐ c
- un long nez ☐ d
- des dents pointues ☐ e

2 Avant que le sorcier prononce sa formule magique, dans le pays des Zoreillefines on :
- riait rarement ☐ a
- parlait beaucoup ☐ b
- s'aimait peu ☐ c
- peignait souvent ☐ d
- ne disait rien ☐ e

3 En prononçant sa formule magique, le sorcier a :
- transformé la glace en mots gelés ☐ a
- hurlé dans un porte-voix en bois précieux ☐ b
- monté quatre à quatre l'escalier de la plus haute tour ☐ c
- transformé le pays bavard en pays silencieux ☐ d
- rendu la reine de fort méchante humeur ☐ e

4 Le premier rayon de soleil printanier a
- rendu la bonne humeur dans tout le pays des Zoreillefines ☐ a
- fait fondre la glace dans laquelle les mots étaient enfermés ☐ b
- fait exploser l'aile du château de la reine ☐ c
- transformé le pays des Zoreillefines en pays silencieux ☐ d
- fait tomber tous les mots en neige, glace ou grêlons ☐ e

Corrigés

CHAPITRE 1

PAGE 8 :
1 **1** : pièges ; **2** : mannequin ; **3** : farineux ; **4** : honneur ; **5** : grumeau.
2 **1** : basset ; **2** : actuel ; **3** : repavé ; **4** : tarte ; **5** : col.

PAGE 9 :
3 Collier 2 : chanter-saucisse ; çirer-pied.
Collier 3 : talon-fermé.

PAGE 10 :
4 Collier 1 : un garçon-une fille, Collier 2 : chat-chapeau.
Collier 3 : épaisse-chaude ; facile-aisé ; obéissant-sage ; terminé-achevé.

PAGE 11
5 **2** : Lucky Luke ; **3** : héros ; **4** ; imaginés.
6 **1** : Goscinny ; **2** : célèbres ; **3** : devenus ; **4** : vedettes ; **5** : dessin.

PAGES 12-13 :
8 Astérix et Lucky Luke sont deux héros de bandes dessinées qui ont été imaginés par Goscinny et dessinés par Uderzo et Morris. Ces célèbres personnages sont également devenus des vedettes du dessin animé.
9 **1** : hauteur, auteur ; **2** : balles, bal ; **3** : bonds, bon, bond.
10 amandes, amende, amandes, amende.

PAGE 15 :
12 ▲ ; ▲ ; ● ; ● ; ▲ ; ▲ ; ▲ ; ● ; ▲ ; ■ ; ▲.

PAGE 16 :
13 **1-b** ; **2-c** ; **3-a**.
14 **1-d** ; **2-c** ; **3-f** ; **4-b** ; **5-a** ; **6-e**.

PAGE 17 :
15 **1** FAUX ; **2** VRAI ; **3** VRAI ; **4** FAUX ; **5** FAUX.
16 *Il faut barrer :* et des révolutions ; des dromadaires ; ou m'aider à choisir la couleur de mes cravates ; les grenouilles en carrosses.

CHAPITRE 2

PAGES 18-19 :
1 *Il faut entourer les « Docteur Jekill » souriants numéros :*
1 - 2 - 4 - 6 - 8 - 9 - 10 - 12 - 13 - 15 - 16 - 18 - 19 - 20 - 22.
Il faut entourer les « Myster Hyde » grimaçants numéros :
3 - 5 - 7 - 11 - 14 - 17 - 21.
2 *Il faut entourer les « Docteur Jekill » souriants numéros :*
1 - 2 - 3 - 4 - 6 - 7 - 9 - 12 - 13 - 15 - 18 - 19 - 20.
Il faut entourer les « Myster Hyde » grimaçants numéros :
5 - 8 - 10 - 11 - 14 - 16 - 17.

PAGES 20-21 :
3 **2** : léger - frais ; **3** : chaude - ancienne ; **4** : gradué - gentil ; **5** : plates - rebondies.
4 **1** : bien cuit - gris ; **2** : haute - bonne ; **3** : embrouillée - sombre ;
4 : salée - râpeuse ; **5** : adroit - droite.
5 **1** : bon coup de pied ; **2** : un parfait escroc ; **3** : bonnes farces ;
4 : une belle punition.

PAGES 22-23 : **6** **1** : travail parfait ; **2** : une jolie fracture ; **3** : bon sirop ;
4 : elle sait parfaitement ses leçons ; **5** : il en fait de belles !
7 **1-b** ; **2-c** ; **3-a**.
8 **1-c** ; **2-a** ; **3-c**.

PAGES 24-25 : **9** Numéros verts : **2 - 3 - 6 - 8 - 9 - 12 - 13 - 16 - 18 - 19 - 22 - 24 - 26 - 27 - 29 - 31 - 34 - 35**.
10 Numéros jaunes : **1 - 4 - 5 - 7 - 10 - 11 - 14 - 15 - 17 - 20 - 21 - 23 - 25 - 28 - 30 - 32 - 33 - 36**.

CHAPITRE 3

PAGES 29-30 : **1** **B-4** ; **C-6** ; **D-4** ; **E-3** ; **F-4** ; **G-4** ; **H-6**.
2 **A-4** ; **B-8** ; **C-7** ; **D-3** ; **E-8** ; **F-3** ; **G-4** ; **H-2**.

PAGE 31 : **3** **1** humide ; **2** soir ; **3** compliqué ; **4** résistant.
4 **1** fleur ; **2** légume ; **3** plume ; **4** boîte à outils ; **5** page.

PAGE 32 : **5** **2** - **1**.
6 **3** - **2**.

PAGE 33 : **7** **1** : foudroyants ; **2** : quadrillées ; **3** : Michel ; **4** : Louis XVI ; **5** : de mots croisés ; **6** : française ; **7** : autrefois.
8 **1** : cendrée ; **2** : d'alerte ; **3** : d'artifice ; **4** : de brume ;
5 sous-marin ; **6** : et moi ; **7** : des femmes.

PAGE 35 : **10** liste **b** paragraphe **7** ; liste **c** paragraphe **2** ; liste **d** paragraphe **4** ; liste **e** paragraphe **6** ; liste **f** paragraphe **1** ; liste **g** paragraphe **5**.
11 **f - c - a - d - g - e - b**.
Notre fusée Ariane porte une espèce de collier fait des drapeaux des pays qui participent à sa construction.

PAGE 36 : **12** *Il faut souligner* : **1** : 54 260 000 habitants ; **2** : Avec une température de 21° dans la zone sud ; **3** : et environ 5 000 km de grands fleuves ; **4** : nous achèterons donc à peu près une trentaine de paires de lunettes neuves - **a** et 31 paires de lunettes - **b** l'âge du visiteur et - Et toi quel âge as-tu ?

PAGE 37 : **14** *Il faut souligner dans le texte* : mieux - meilleur - rester - nombreux - autour de - retenu - avant - capable.
Il faut entourer dans la marge : bouge - fort - l'annulaire - donné.

PAGE 38 : **15** **1-a** ; **2-b** ; **3** : personne ; **4-b** ; **5-c** ; **6-a** ; **7-c**.

CHAPITRE 4

PAGE 39 : **1** *Mots d'arrivée* : cigares, réclame, loterie, rôti, cadeaux.
2 **2**

PAGE 40 : **3** *Mots d'arrivée* : aînesse, alpin, antique, sondage, lettre, rentable.
4 **1**

PAGE 41 : **5** **1** : érafler ; **2** : une jacinthe ; **3** : de la braise ; **4** : un hibou.
6 **1** : un placard ; **2** : un orage ; **3** : une voiture ; **4** : un drapeau.

PAGES 42-43 : **7** Situation 1 : **1-a** ; **2-i** ; **3-j** ; **4-a** ; **5-i**.
Situation 2 : **1-i** ; **2-a** ; **3-c** ; **4-j** ; **5-j**.
8 Situation 1 : **1-m** ; **2-c** ; **3-j** ; **4-i** ; **5-j**.
Situation 2 : **1-m** ; **2-i** ; **3-a** ; **4-m** ; **5-j**.

PAGES 44-45 : **9** **A-b-2** ; **B-b-1** ; **C-a-3** ; **D-a-2**.
10 **A-b-1** ; **B-a-1** ; **C-b-3** ; **D-a-2** ; **E-b-1**.

PAGES 46-49 : **11** *Il faut entourer* : allongée, selon, ouvrages, dans lesquelles, volatiles, de nombreuses, le sujet, blagueur, mépris, dingue, cœur, d'histoires, son crâne, dévorer, bref, le nomma, révélait, se tenait, donnant, main, chagrinée, bu, discutions, hésita, j'aimerais, hésitante, amusantes, de nombreuses, n'arrêtait, faim, bizarres, à tour de rôle, à bout de forces, était parti, n'y avait plus, réalisa, impitoyables, les, instants.
12 *Il faut entourer* : Clara, Papa, l'oncle Maurice, grand-père, la cousine José, l'oncle Albert, la tante Irma, l'oncle Jacques, la grand-mère.
13 *Le bon résumé est le numéro* **2**.
Dans le numéro **1**, *il faut barrer* : Elle lisait tout ce qu'on lui offrait / elle finit par devenir une petite fille monstrueuse et termina sa vie dans un zoo.
Dans le numéro **3**, *il faut barrer* : mais comme Clara ne voulait rien entendre, il la fit disparaître dans une histoire de monstres !

CHAPITRE 5

PAGES 50-51 : **1** **1** : je suis ; **2** : des chevaux ; **3** : les yeux ; **4** : nous allons ; **5** : des canaux ; **6** : nous teignons ; **7** : un vaisseau ; **8** prendre.
2 **1** : les cieux ; **2** : faux ; **3** : doux ; **4** : molle ; **5** : beau ; **6** : vieux ; **7** : rousse ; **8** : pouvoir.

PAGE 52 : **3** **1** : plume ; **2** : poisson ; **3** : chapeau ; **4** : tasse ; **5** : fourchettes.
4 **1** : campagne ; **2** : bois ; **3** : sucre ; **4** : manger.

PAGES 53-54 : **5** **1-a** ; **2-b** ; **3-c** ; **4-b** ; **5-b**.

PAGE 55 : **6** **1-a** ; **2-a** ; **3-c** ; **4-b** ; **5-c**.

PAGES 56-57 : **7** caractère : **c** ; trancher : **b** et **c** ; martinet : **b** ; grêle : **c** ; bombe : **a**.

PAGES 58-59 : **8** **1** vrai ; **2** vrai ; **3** **b** ; **4** **b** et **d**..

PAGES 60-61 : **9** **1** faux ; **2** vrai ; **3** faux ; **4** faux ; **5** vrai.
10 **1** vrai ; **2** faux ; **3** vrai ; **4** faux ; **5** faux.
11 **1** vrai ; **2** faux ; **3** faux ; **4** vrai ; **5** faux.

CHAPITRE 6

PAGES 62-63 : **1** **1** : vitesse ; **2** : soulagement ; **3** désintérêt ; **4** : dégoût ; **5** : chagrin ; **6** : douleur.
2 **1** : pleurs ; **2** : ronflements ; **3** : goûter ; **4** : plonger ; **5** : manger avec appétit ; **6** : frapper sur une cloche.

PAGES 64-65 : **3** **a-7** ; **b-5** ; **c-8** ; **d-10** ; **e-12** ; **f-9** ; **g-1** ; **h-11** ; **i-6** ; **j-2** ; **k-13** ; **l-4** ; **m-3**.

PAGE 66 : **4** **a-8** ; **b-3** ; **c-11** ; **d-7** ; **e-10** ; **f-1** ; **g-9** ; **h-5** ; **i-13** ; **j-2** ; **k-6** ; **l-4** ; **m-12**.

PAGES 67-68 : **5** **1-c** ; **2-b** ; **3-c** ; **4-c** ; **5-c** ; **6-a**.
6 **1-c** ; **2-b-b** ; **3-b-a** ; **4-c-b**.

PAGES 68-69 : **7** la mode avait drôlement changé ; ne se retourna absolument pas *ou* il n'avait absolument rien entendu ; ne leva même pas la tête ; s'ouvrit violemment *ou* violemment poussée *ou* poussée violemment ; laisse ainsi *ou* porter ainsi ; s'arrêta net ; qu'est-ce que c'est que ça ? ; c'est vrai que tu *ou* un vrai monstre ; Mais qu'est-ce qu'elle croit ? ; de français et en plus *ou* de géographie et en plus *ou* et j'ai en plus ; pas peur du tout ; monstrueuse colère *ou* colère monstrueuse.

PAGE 72 : **9** **1-C** ; **2-A** ; **3-B**.
10 **1-B** ; **2-C** ; **3-A**.

CHAPITRE 7

PAGE 73 : **1** **2** : quai ; **3** : félicite ; **4** : mer ; **5** : blanc ; **6** : mare.
2 **1** : mordre - usage ; **2** : base - bulletin ; **3** : obéir - œuf ; **4** : serment - sport ; **5** : maigre - maison.

PAGE 74 : **3** **1** : brûlant ; **2** : vieillard ; **3** : mer ; **4** : café.
4 **1** : minuscule ; **2** : premier voyage en ballon ; **3** : invention du feu ; **4** : branche.

PAGE 75 : **5** **a-4** ; **b-2** ; **c-6** ; **d-3** ; **e-1**. *Définition intruse* : **5**.
f-11 ; **g-10** ; **h-8** ; **i-12** ; **j-7**. *Définition intruse* : **9**.

PAGE 76 : **6** **k-18** ; **l-16** ; **m-17** ; **n-13**; **o-14**. *Définition intruse* : **15**.
p-21 ; **q-23** ; **r-22** ; **s-24** ; **t-20**. *Définition intruse* : **19**.
7 L'eau.
8 **A-9** ; **B-15** ; **C-19** ; **D-5**.
9 **1-D** ; **2-A** ; **3-B** ; **4-C**.

PAGE 77 : **10** azalée **2** ; funambule **4** ; ravier **9** ; horripiler **12** ; vétuste **13**.

PAGE 78 : **11** pourpre **17** ; diurne **20** ; éluder **24** ; pédiatre **27**.
12 poulpe **18** ; épiler **10** ; dune **21** ; alizé **1** ; urne **19** ; vestibule **5** ; pédalo **25** ; élucider **22**.

PAGE 80 : **14** **B - E - C - A - D**.
15 Liste 1, *il faut entourer* : rat (3 fois), araignée (3 fois), mouches (1 fois), chien (2 fois), chatte (2 fois), taupe (2 fois), chienne (1 fois).
Liste 2, *il faut entourer* : chauffeur (3 fois), couturière (3 fois), agent de police (4 fois), femme de ménage (3 fois), employé du métro (3 fois).

PAGE 81 : **17** **1-c** ; **2-d** ; **3-e** ; **4-a** ; **5-f** ; **6-b**.
18 **1** FAUX ; **2** FAUX ; **3** VRAI ; **4** FAUX ; **5** VRAI.
19 *Il faut cocher* : en singe, en zèbre, en renard, en mouette, en perroquet.

CHAPITRE 8

PAGES 84-85 : **3** **1** peur ; **2** colère ; **3** joie ; **4** gourmand ; **5** tristesse.
4 **1** amour ; **2** paresse ; **3** courage ; **4** ennui ; **5** étourdi.

PAGE 87 : **6** pinson.

PAGES 88-89 : **7** **1-c** ; **2-c** ; **3-b** ; **4-c**.
8 **5-c** ; **6-b** ; **7-b** ; **8-a** ; **9-b**.
9 cachet **5-b** ; manteau **7-a** ; roulette **9-a** ; ampoule **3-a** ; cachets **5-a** ; bleu **2-b** ; rage **8-b** ; assommer **4-a**.

PAGE 91 : **10** *Il fallait souligner* : la lumière, le ver de terre, la bicyclette, les planeurs, les montgolfières, les vaches, les rennes, les trains.
11 L'obus et l'hélicoptère vont plus vite que le cyclone. La balle de tennis et le faucon vont plus vite que l'ouragan. L'antilope, le guépard, l'espadon, la caille et le thon vont plus vite que le grand frais.
12 **1** le skyro, **2** le requin, **3** 2 333 km/h, **4** 100 ans, **5** 140 000 km/s.

PAGE 92 : **13** **1** le guépard, **2** le skyro, **3** le faucon, **4** le frelon.
14 **a** 6 4 5 2 3 1 ; **b** 4 3 2 1 5 ; **c** 4 5 2 3 1.
15 **a**, **b** et **d** : Arthur a raison ; **c** : Arthur a tort.

PAGE 93 : **16** **a**, **b**, **c**, **e**, **f** : vrai ; **d** : faux.

CHAPITRE 9

PAGE 94 : **1** **1** effort, bleu, crème, courant.
2 âne, kilo, détergent, minette, quenotte.
3 noix, bulle, mildiou, régler, cure, sourd.

PAGES 95-96 : **2** **2** abcès ; **3** bijou ; **4** élu ; **5** film ; **6** îlot ; **7** coq.
3 *Il faut entourer* : superbe, énorme, gigantesque, ruineux, il dévore.
4 *Il faut entourer* : brûlant, affreux, horripilant, microscopique, excellent, allégresse, dramatique, désespéré, vacarme.

PAGE 97 : **5** *Il faut cocher* : **1** la ; **2** grandes ; **3** un ; **4** un nouveau.

PAGES 98-99 : **6** *Il faut cocher* : **1** de la ; **2** un joli ; **3** la, le ; **4** une bonne, un bon ; **5** le.
7 **1** ce, une ; **2** un, la, son ; **3** d'une belle, verte ; **4** un, chaud ; **5** le, la.

PAGE 101 : **8** **1** VRAI ; **2** FAUX ; **3** VRAI ; **4** FAUX ; **5** FAUX ; **6** VRAI ; **7** VRAI ; **8** FAUX ; **9** VRAI ; **10** FAUX ; **11** VRAI ; **12** VRAI ; **13** FAUX ; **14** FAUX ; **15** VRAI.

PAGES 102-103 : **9** *Il faut cocher* : Samedi 14 février : les activités prévues à 10 h, à 14 h 30, à 16 h, à 17 h. Dimanche 15 février : les activités prévues à 10 h, à 15 h.

CHAPITRE 10

PAGE 107 : **1** **1** : 20-C ; **2** : 30-A ; **3** : 22-C ; **4** : 25-B ; **5** : 21-C ; **6** : 19-D ; **7** : 27-B ; **8** : 31-A.

PAGES 108-109 : **2** Chenille 2 : marcher - finir - percevoir - manger - rougir - décevoir - plonger noircir - revoir - sauter - nourrir - couloir.
Chenille 3 : planter - dormir - chou - assiette - passer - courir - poireau - saladier - sauter - mourir - laitue - plat - chanter - parcourir - carotte - ravier - signer - venir - navet - soupière.

3 Chenille 4 : grippe - angine - rougeole - suer - trembler - pleurer - scarlatine - rubéole - oreillons - frissonner - soigner - coucher - diphtérie - tétanos - varicelle - appeler - sangloter - calmer.
Chenille 5 : manger - mangeable - mangeur - danser - dansable - danseur - profiter - profitable - profiteur - payer - payable - payeur - farcir - effaçable - farceur.
Chenille 6 : télévision - télé - regarder - automobile - auto - conduire - vélocipède - vélo - rouler - cinématographe - cinéma - regarder - photographie - photo - prendre - motocyclette - moto - foncer.
4 *Il faut colorier la tête des chenilles* : **1**, **3**, **4**, **6**.

PAGE 111 : **6** Galère

PAGES 112-113 : **7** Brrrr ; Ha ! ; Tap ! tap ! tap ! ; Boum ! boum ! boum ! ; Vlan ! ; Ziiip ! ; Ouf ! ; Ziiiooouuu ! ; Splaf ! Craaaaacccc... ; Ziiiooouuu ! ; Crrrraaaaaccc... ; Heuuuu... Fffff... ; Plouf ; Glou ! glou ! glou ! ; Clac ! clac ! clac ! ; Ha ha ha ha...

PAGES 114-116 : **8** *Il faut entourer* : Méchant, particulièrement, jeune, m'échapper, seigneur, chaudement, précipita, col, l'allure, faire, même, bonhomme, travail, sourit, grosse, maigre, lorsque, volée, cognée, bondit, coupait, attaqué, geler, se moquer, enfiler, garnir, veut, pouvait, terrible, dorénavant.

PAGES 116-117 : **9** maigre **c** ; suant **c** ; lippu **b** ; hilare **a** ; vantard **a** ; terrible **a** ; fainéant **b** ; dodu **b** ; méchant **a** ; transpirant **c**.
10 **1** malgré ; **2** Plus, moins ; **3** car, est gelé ; **4** Plus, plus ; **5** tellement ; **6** afin de ; **7** pourtant.
12 **11 - 5 - 13 - 8 - 2 - 14 - 7 - 12 - 3 - 10 - 9 - 6 - 1 - 15**.

CHAPITRE 11

PAGE 118 : **1** **1** fille ; **2** laitue ; **3** peine ; **4** fromage ; **5** sablé, sale ; **6** taler ; **7** torche, toucher.
2 **1** charme ; **2** comment ; **3** conte ; **4** barbecue ; **5** fermenter ; **6** vielle, veiller ; **7** plucher.

PAGE 119 : **3** **1** la pomme d'Adam ; **2** un tonnerre d'applaudissements ; **3** le batteur électrique ; **4** une nappe de brouillard ; **5** un bouton de fièvre.

PAGE 120 : **4** **1** couper la parole ; **2** la clé de sol ; **3** Il n'y a que des intrus dans cette étoile ! ; **4** un chat dans la gorge ; **5** un coup de fil.

PAGES 121-122 : **5** **2** article ; **3** arrière ; **4** art ; **5** arrondir ; **6** arrêter ; **7** artère.
6 **1** arracher ; **2** artiste ; **3** artisan ; **4** arrière ; **5** armure ; **6** articulation ; **7** arrêter ; **8** armée.

PAGE 123: **7** **2** artiste ; **3** arrêter ; **4** arrondir ; **5** armoire ; **6** artichaut ; **7** artère.
8 **1** arrêter ; **2** arracher ; **3** artisan ; **4** arranger ; **5** armure ; **6** arrières ; **7** arranger.

PAGES 124 -125: **9** **1 = 1 ; 2 = 3 ; 3 = 3 ; 4 = 2 ; 5 = 1**.
10 **1 = 2 C ; 2 = 1 E ; 3 = 3 C ; 4 = 1 B ; 5 = 3 B**.
11 **1** fermé , **2** ne sont pas ; **3** dès ; **4** peut ; **5** recommandé.
12 **1** préférable ; **2** tu peux ; **3** la bande ne défile pas ; **4** la plupart ; **5** n'ouvre pas.

CHAPITRE 12

PAGE 128 : **1** **2** : n° 56 - p. 172 ; **3** : n° 39 - p. 119 ; **4** : n° 70 - p. 214 ; **5** : n° 63 - p. 192 ; **6** : n° 75 - p. 229 ; **7** : n° 55 - p. 167 ; **8** : n° 78 - p. 238 ; **9** : n° 58 - p. 177 ; **10** : n° 76 - p. 232 ; **11** : n° 80 - p. 244 ; **12** : n° 81 - p. 247 ; **13** : n° 79 - p. 241 ;

2 **2** : n° 58 ; **3** : n° 55 ; **4** : n° 78 ; **5** : n° 43 et 44 ; **6** : n° 50 et 51 ; **7** : n° 74 ; **8** : n° 70 ; **9** : n° 81 ; **10** : n° 59.

PAGE 130 : **3** **2** : n° 8 ; **3** : n° 8 ; **4** : n° 7 ; **5** : n° 7 ; **6** : n° 4 ; **7** : n° 7 ; **8** : n° 5 ; **9** : n° 6 ; **10** : n° 6 ; **11** : n° 8 ; **12** : n° 4.

4 Thèmes n^{os} **1**, **2**, **3**.

PAGE 131 : **5** Rivière n° 2 : Les petites gouttes de la bruine tombent à 3 ou 4 km/h.
Rivière n° 3 : Les grosses gouttes de l'averse dégringolent à 30 ou 40 km/h.

6 **b**.

PAGES 133-134 : **7** Rivière n° 4 : Au Mont-Saint-Michel lors des grandes marées la mer monte à 30 km/heure.
Rivière n° 5 : On dit alors qu'elle se déplace à la vitesse d'un cheval au galop !
Rivière n° 6 : Mais les vagues les plus monumentales sont celles des raz-de-marée.
Rivière n° 7 : Elles peuvent avancer à 700 km/h, c'est-à-dire 200 m/seconde.
Rivière n° 8 : Ces raz-de-marée sont provoqués par des tremblements de terre sous-marins et détruisent tout sur leur passage.

8 **b**.

9 Résumé **3**.

PAGES 133-134 : **10** *Les mots masqués sont* : silencieux, chantait, musique, danser, chansons et danses, instruments de musique, joueur, chanteurs, musique, serpents, cet instrument, musique, percussions, tambours, jouer, souffle, mélodie, Chant, tambourinant, battre la mesure, musicien, musique, résonne de chants, joueur, musique, musique, tambours.

PAGE 135 : **11** **e** ; **g** ; **i**.

12 **a**, **d**, **h**.

CHAPITRE 13

PAGES 136-137 : **1** *Il faut souligner* : cours, buffle, heurte, silex, caverne, main, ne suis-je pas fait, caverne, éclairer, sortie.

2 *Il faut souligner* : est, moulin, train, est, bain, déjeuner, poèmes, grain, moulus, fin, esprit, vin.

PAGE 138 : **3** *Il faut souligner* : liste A : **3** et **6** ; liste B : **2** et **7** ; liste C : **1** et **4** ; liste D : **1** et **5** ; liste E : **1** et **5** ; liste F : **4** et **6** ; liste G : **3** et **7** ; liste H : **4** et **6** ; liste I : **2** et **7** ; liste J : **3** et **7**.

4 *Il faut souligner* : liste A : **2** et **6** ; liste B : **2** et **8** ; liste C : **2** et **4** ; liste D : **4** et **6** ; liste E : **4** et **6** ; liste F : **4** et **6** ; liste G : **3** et **6** ; liste H : **3** et **5** ; liste I : **3** et **6** ; liste J : **1** et **8**.

PAGE 139 : **5** **1** : pourtant ; **2** : à cause de, Cependant ; **3** : Or, En revanche ; **4** : c'est pourquoi. De plus ; **5** : Cependant ; **6** : Si, ainsi que, de.

PAGE 140 : **6** **1** : au contraire ; **2** : D'ailleurs, En effet ; **3** : par contre, **4** : en fait, c'est-à-dire ; **5** : Ainsi, donc, de plus, comme, cela ; **6** : souvent, très, pour ; **7** : Bien, et, dans, Parfois.

PAGE 141 : **7** *Il faut souligner* : **1** : dans une modeste maison d'Allemagne ; **2** : qui est musicien à la Cour ; **3** : il est en train de devenir sourd ; **4** : et de problèmes visuels ; **5** : contrairement à celle des musiciens classiques qui cachent leurs sentiments ; **6** : Son mal empire, les consonnes ont disparu.

PAGE 142 : **8** *Il faut cocher* : **1-b** ; **2-b** ; **3-a** ; **4-b** ; **5-a**.
Il faut souligner : en février (**1-b**) ; se marie (**2-b**) ;
Publié, Esméralda (**3-a**) ; qui aura un succès inouï (**4-b**) ;
sur une feuille volante, Georges et Jeanne, le plus grand poète du XIXe siècle (**5-a**).

PAGE 144 : **9** **1** faux ; **2** vrai ; **3** faux ; **4** vrai ; **5** vrai ; **6** Tron ; **7** vrai ; **8** faux ; **9** vrai ; **10** faux ; **11** vrai ; **12** Tron ; **13** vrai.

PAGE 145 : **10** **1** Eugénie ; **2** Paul Tron ; **3** Lydie ; **4** Camomille ; **5** Claire Tron ; **6** Marine ; **7** Jeanne.

CHAPITRE 14

PAGE 149 : **1** **1** vrai ; **2** faux ; **3** vrai ; **4** vrai ; **5** vrai.
2 **1** vrai ; **2** faux ; **3** faux ; **4** vrai ; **5** faux.

PAGE 151 : **3** **1** faux ; **2** vrai ; **3** vrai ; **4** vrai ; **5** vrai.
4 **1** vrai ; **2** faux ; **3** vrai ; **4** vrai ; **5** vrai.

PAGES 153-155 : **5** *Il faut cocher* : exact, exact, les grandes routes des vacances, exact, impossible, Perros-Guirec, exact, les grandes stations balnéaires, exact, inexact, Port-Cros, Guilvinec, impossible, inexact, les grands lieux de visite de Musées, possible. Mais non voyons ! exact. Bien sûr !, exact, exact, exact, exact, exact.

PAGE 157 : **7** La phrase **1** : ligne 16 après « couleur ? » ; la phrase **2** : ligne 43 après « groupe » ou après « Berthe Morisot ».

PAGE 158 : **8** Résumé **1** : Pomme ; Résumé **2** : Florent ; Résumé **3** : Arthur.

CHAPITRE 15

PAGE 160 : **2** baignoire : **2** ; bibliothèque : *intrus* ; bois : **6** ; brosse à dents : **2** ; buffet : *intrus* ; cafetière : *intrus* ; canapé : **4** ; cartons : *intrus* ; casier à bouteilles : **6** ; casseroles : **5** ; chaises : **4** ; lucarne : **1** ; malle : **1** ; miroir : **2** ; oreiller : *intrus* ; ours en peluche : **3** ; pantoufles : **3** ; placard à balais : **5** ; poisson rouge : **2** ; pommes de terre : **6** ; pot de fleurs : **4** ; poussière : **1** ; pyjama : **3**.
3 chat : **4** ; charbon : **6** ; chaudière : **6** ; cheval de bois : **1** ; chien : **5** ; chiffons : **1** ; conserves : *intrus* ; cuisinière : **5** ; lampe de chevet : **3** ; lavabo : **2** ; lave-vaisselle : *intrus* ; lit : **3** ; réfrigérateur : **5** ; savon : **2** ; serviette de bain : **2** ; shampooing : *intrus* ; soupirail : **6** ; fantôme : **1** ; table : **4** ; placard à balais : **5** ; table de nuit : *intrus* ; tapis de laine : **3** ; télévision : **4** ; vieux tricycle : **1**.

PAGES 161-162 : **4** **2** possible ; **3** impossible (donne à manger au poisson rouge) ; **4** possible ; **5** possible ; **6** impossible (carottes) ; **7** impossible (Arthur caresse le chien, mais le fantôme lui tire la queue) ; **8** impossible (chien) ; **9** possible ; **10** impossible (s'assoit sur le tricycle) ; **11** impossible (ils viennent d'entendre hennir le cheval de bois) ; **12** possible ; **13** possible ; **14** impossible (un carton dans le grenier) ; **15** impossible (Arthur ouvre le soupirail) ; **17** possible ; **18** possible ; **19** impossible (le miroir) ; **20** possible ; **21** impossible (la cafetière, le lave-vaisselle se met en marche tout seul, un nuage de farine enveloppe le bocal du poisson rouge).

PAGE 163 : **5** **1** - **7** - **2** - **11** - **6** - **10** - **9** - **12** - **3** - **5** - **8** - **4**.

PAGE 164 : **6** **3** - **6** - **2** - **5** - **1** - **4**.

PAGE 167 : **8** **1** FAUX ; **2** VRAI ; **3** VRAI ; **4** VRAI ; **5** FAUX.
9 **1-c** ; **2-b** ; **3-b-d-e-** ; **4-a-b**.

Illustrations : Martine Rambaud

Dessins techniques : Claudine Piffero

Coordinations éditoriale et artistique : Annie Herschlikowitz

Nº d'Éditeur : 10109095 - Octobre 2003
Imprimé par LIBERDUPLEX
Imprimé en U. E.